Sterbehilfe in Europa

RECHT & MEDIZIN

Herausgegeben von den Professoren
Dr. Erwin Deutsch, Dr. Adolf Laufs, Dr. Hans-Ludwig Schreiber

Bd./Vol.66

PETER LANG
Frankfurt am Main · Berlin · Bern · Bruxelles · New York · Oxford · Wien

Thela Wernstedt

Sterbehilfe in Europa

PETER LANG
Europäischer Verlag der Wissenschaften

Bibliografische Information Der Deutschen Bibliothek
Die Deutsche Bibliothek verzeichnet diese Publikation in der Deutschen Nationalbibliografie; detaillierte bibliografische Daten sind im Internet über <http://dnb.ddb.de> abrufbar.

Zugl.: Göttingen, Univ., Diss., 2002

D 7
ISSN 0172-116X
ISBN 3-631-51194-9

www.peterlang.de

Für meine Eltern

Marianne und
Rolf Wernstedt

und
meine Schwester

Bilke Wernstedt

Danksagung

Die Fertigstellung dieser Dissertation unter den heutigen Bedingungen ärztlichen Arbeitens war zuweilen eine fast unmenschliche Belastung. In dieser Zeit Hilfe von anderen erfahren zu haben, zählt zu den schönen Seiten der Anstrengung. Einige Namen möchte ich nennen, die mir teils mit ihren Fachkenntnissen, teils mit nicht versagender Anteilnahme und Freundschaft zur Seite gestanden haben:

Prof. Dr. Hilmar Burchardi, Dr. Marie-Luise Ehls, Stefan Eilert, Swantje Hein, Frau Eva Krabbes, Prof. Dr. Jürgen Sprute, Frau Luise Sprute, die Mitarbeiter/innen der Bibliothek des Niedersächsischen Landtages, Prof. Dr. Hans-Ludwig Schreiber.

Prof. Dr. Dietrich Kettler danke ich für die vielen fachlichen Gespräche und die breite anästhesiologische Ausbildung einschließlich Schmerztherapie und Palliativmedizin, PD Dr. Michael Mohr für die zuverlässige und stets aufmerksame Betreuung der Dissertation.

Ein besonderer Dank gilt meinem Vater.

Erlangen im Juli 2003
Thela Wernstedt

Inhaltsverzeichnis

Abkürzungsverzeichnis

A.:	Arteria (Singular)
Aa.:	Arteriae (Plural)
AG:	Amtsgericht
BÄK:	Bundesärztekammer
BAA:	Bauchaortenaneurysma
BGH:	Bundesgerichtshof
BMA:	British Medical Association
BGB:	Bürgerliches Gesetzbuch
C.p.:	Strafgesetzbuch
CVVHD:	Contiounus-veno-venous hämodialysis
DGAI:	Deutsche Gesellschaft für Anästhesiologie und Intensivmedizin
Dtsch.:	Deutsche
ELD:	End of life decision
EJPD:	Eidgenössisches Justiz- und Polizeidepartment
EKD:	Evangelische Kirche in Deutschland
EKG:	Elektrokardiogramm
ICU:	Intensive Care Unit, Intensivstation
JR:	Juristische Rundschau
KNMG:	Königlich niederländische medizinische Gesellschaft
LG:	Landgericht
NHS:	National Health Service
NJW:	Neue Juristische Wochenschrift
NYHA:	New York Heart Association
ÖÄK:	Österreichische Ärztekammer
OLG:	Oberlandesgericht
PAS:	Physician Assisted Suicide
PEG:	Perkutane endoskopisch kontrollierte Gastrostomie
Ps:	Psalm
PVS:	Persistent vegetative state
SAMW:	Schweizerische Akademie der medizinischen Wissenschaften
StGB:	Strafgesetzbuch
V.:	Vena (Singular)
Vv.:	Venae (Plural)

1 Einleitung

Die Beschäftigung mit dem Thema „Sterbehilfe“ erweist sich rasch als eine komplexe Angelegenheit. Ist das Thema dann so umfassend gestellt wie in der vorliegenden Arbeit „Sterbehilfe in Europa“, müssen zur Bewältigung Einschränkungen gemacht werden.

Ursprüngliche Zielsetzung dieser Dissertation war es, einen systematischen Vergleich des Umgangs mit Sterbehilfe bei Ärzten in einigen europäischen Ländern zu erstellen. Hierzu sollte neben einer Literaturdurchsicht und -analyse ein Fragebogen verschickt und ausgewertet werden. Davon wurde jedoch angesichts der methodischen Schwierigkeiten der Vorgehensweise zunächst abgesehen. Dies bedarf der Erläuterung.

Bei der Literaturrecherche bezüglich der Praxis von Sterbehilfe in europäischen Ländern zeigte sich, daß es in den letzten 10 Jahren nur wenige annähernd systematische Umfragen in einzelnen Ländern gab. Diese waren in der Methodik jedoch so unterschiedlich, daß ein Vergleich der vorliegenden Studien nur mit großer Vorsicht vorgenommen werden kann. Inwiefern die so gewonnenen Zahlen tatsächlich wahre Werte darstellen, ist bei diesem brisanten Thema fraglich, was von einigen Autoren auch kritisch angemerkt worden ist: Entscheidungen, die sich im Grenzbereich zwischen Leben und Tod abspielen, die juristisch (außer inzwischen in den Niederlanden) in keinem Land eindeutig geregelt sind, sondern nur über die strafrechtlich relevanten Tötungsdelikte faßbar sind, werden von den betroffenen Entscheidungsträgern nicht zwangsläufig wahrheitsgemäß geschildert. In der Soziologie sind diese Fehlerquellen bekannt, die Medizin muß sie sich erst noch erarbeiten. Aus eigener ärztlicher Erfahrung wurde mir zudem deutlich, daß die unmittelbaren Arbeitsstrukturen und die Haltung der Vorgesetzten eine ganz wesentliche Rolle im Umgang mit Entscheidungen am Lebensende spielen, mehr als Gesetze und Standesrichtlinien. Daher werden im Schlußkapitel Vorschläge erarbeitet, mit welcher Methodik und unter Berücksichtigung welcher Faktoren wahrheitsgemäße und vergleichbare Erkenntnisse über den ärztlichen Umgang mit Entscheidungen am Lebensende von Patienten in Europa erzielt werden können.

Bei den Literaturvorarbeiten stellte sich außerdem heraus, daß der Begriff „Euthanasie“ bzw. „Sterbehilfe“ keineswegs eindeutig in den einzelnen Ländern gebraucht, sondern sehr verschieden definiert wird. Hinzu kommen noch die Wandlungen des Begriffs im Laufe der Geschichte, die ihrerseits stets als Assoziationen beim heutigen Umgang mit dem Thema mitschwingen und die Diskussion zusätzlich erschweren. So ist ein Kapitel den unterschiedlichen Definitionen der Begriffe „Sterbehilfe“ und „Euthanasie“ gewidmet.

Ein weiteres Kapitel beschäftigt sich mit ausgesuchten Sichtweisen auf Sterbehilfe in der europäischen Geschichte.

Der Plan, sich auf wissenschaftliche Veröffentlichungen in medizinischen Fachzeitschriften zu beschränken, ließ sich ebenfalls angesichts der stetig weitergehenden gesellschaftlichen Diskussion nicht einhalten, so daß als Material außer wissenschaftlichen Studien und literarischen Quellen auch Pressemitteilungen, Berichte parlamentarischer Arbeitsgruppen und Zeitungsartikel verwendet werden. Die Materialsuche quer durch den europäischen Kontinent ist verständlicherweise eine Sisyphosarbeit und muß unvollständig bleiben, zumal die moralische und juristische Beurteilung von „Sterbehilfe" und der praktische Umgang damit weiter im Fluß sind.

Im Verlaufe des Literaturstudiums wurde deutlich, daß die theoretisch in der Gesellschaft und in juristischen und ethischen Fachkreisen geführte Diskussion und die dabei vorhandenen Vorstellungen von Sterbehilfe teilweise deutlich von den Situationen am Krankenbett, um die es ja eigentlich geht, abweichen. So wurden noch Fallbeispiele aus meiner eigenen ärztlichen Erfahrung angefügt. „Sterbehilfe" ist zwar auch ein grundsätzlich ethisch und juristisch zu verhandelndes Thema, aber für Ärzte ein im Wesentlichen praktisches Problem, vor dem wir jeden Tag wieder stehen. Unsere Entscheidungen müssen gut begründet sein.

Es hat sich während der Arbeit folgende Aufgabenstellung herauskristallisiert: Geleistet werden soll eine Bestandsaufnahme der Rahmenbedingungen ärztlicher Entscheidungen am Lebensende und eine kritische Zusammenstellung der nach heutigem Kenntnisstand ausgeübten Praxis von Sterbehilfe in zehn europäischen Ländern. Als Ergebnis werden Vorschläge für eine systematische Befragung europäischer Ärzte zur Praxis der Sterbehilfeformen erarbeitet, die die bisherigen Fehlerquellen vermeiden sollen und eine Vergleichbarkeit herstellen können. Außerdem werden die heutigen Diskussionsschwerpunkte um das Selbstbestimmungsrecht und die Autonomie der Patienten und die künstliche Ernährung kritisch erläutert.

Der Zugang zum Thema ist notwendigerweise interdisziplinär und schließt philosophische, theologische, juristische und historische Überlegungen mit ein; die Spannung zwischen dem theoretischen und praktischen Umgang mit „Sterbehilfe" läßt sich nicht auflösen, sie wird anhand der Fallbeispiele herausgearbeitet.
Entsprechend der Zugangsweise zum Thema sind die Ergebnisse auf mehreren Ebenen zu finden: in der gesellschaftlichen Entwicklung, die sich an Gesetzesänderungen zeigt, in der philosophischen und medizinischen Diskussion um Begriffe wie künstliche Ernährung, Autonomie und Verantwortung, in der Wahrnehmung methodischer Probleme, die die Studien zur Praxis von Sterbehilfe be-

gleiten und schließlich darin, wie ein ‚guter Tod' heute unter klinischen Bedingungen gestaltet werden kann.

Spezielle Fragestellungen der Sterbehilfe bei Neugeborenen oder psychiatrischen Patienten werden nicht berücksichtigt, weil die hierzu notwendige differenzierte philosophische Diskussion um Begriffe wie Person, Entscheidungsfähigkeit und Autonomie den Rahmen dieser Arbeit endgültig übersteigen würde.

Ein Euthanatos, ein schöner Tod, ist nicht nur ein medizinisches, juristisches und gesellschaftliches Problem, sondern auch eines der individuellen Lebensplanung und -führung (vgl. Kap. 2.5.6). Wer sich mit „Sterbehilfe" auseinandersetzt, gewinnt einen eigenen Zugang zum Thema. Die Darstellung des eigenen - ärztlichen und persönlichen - Zugangs ist neben der oben dargelegten Aufgabenstellung Teil der vorliegenden Dissertation.

2 Grundfragen

Sterbehilfe ist nicht eine rein medizinische oder juristische Frage, wie es die öffentliche Diskussion immer wieder glauben machen möchte. Das Ausmaß und die Art und Weise, wie sie geführt wird, wird bestimmt von zugrunde liegenden Wertfragen religiöser und philosophischer Art.

Dort, wo es den Wunsch nach einem „guten" Tod und die Angst vor dem „schlechten" gibt, ist auch ein Maßstab vorhanden, der sagt, was als gut und schlecht zu gelten hat.

Verneint ein Glauben die Verfügbarkeit über das eigene Leben und stimmen die Gesetze dieses Landes damit überein, so wie es in Europa im Mittelalter und der Neuzeit war, so stirbt jemand, der seinem Leben aus Kummer und Ausweglosigkeit ein Ende setzt, nicht nur aus psychologischen Gründen einen schlechten Tod. Dieser Mensch hat sich zudem gegen die geltenden gesellschaftlichen und religiösen Normen gestellt. Das mittelalterliche Europa strafte seine Suizidenten über den eigentlichen Tod hinaus und verbot, die Leichname in geweihter Erde zu bestatten.

Ein berühmtes Beispiel aus dem Griechenland der vorklassischen Zeit zeigt die vernichtende Kraft, die in dieser Art Normen liegt. Polyneikes, Sohn des Ödipus und Zwillingsbruder des Eteokles, starb im Zweikampf mit seinem Bruder um die Herrschaft der Stadt Theben. Er starb einen schlechten Tod: um der Macht willen kämpfte er mit seinem eigenen Bruder und unterlag. Sein Onkel Kreon, der die Herrschaft an sich riß, verfügte, daß Polyneikes nicht in geweihter Erde bestattet werden durfte. Seine Schwester Antigone ließ ihn trotzdem beerdigen, stellte sich ihrerseits gegen das von Kreon willkürlich geschaffene, aber rechtsgültige Gesetz und starb ihrerseits einen furchtbaren Tod, lebendig eingemauert, viel zu früh, einsam und unentrinnbar in den Schicksalsfäden gefangen (Tripp 1991, S. 443; Sophokles 1982, S. 238-287).

Es würde Ausmaß und Thema dieser Arbeit übersteigen, die jeweiligen Einflußgrößen in ihrer Wertigkeit und ihrer Beziehung zueinander für eine individuelle Lebensführung in einer bestimmten Gesellschaft auszuloten. Grundlegend für das Handeln und Werten von Menschen in Bezug auf Sterbehilfe sind jedoch immer die Rahmenbedingungen, in denen ein guter oder schlechter Tod empfunden wird und in denen Handlungen im Grenzbereich zwischen Leben und Tod als moralisch gut oder schlecht bewertet werden.

Anhand von drei Fragen sollen im Folgenden die philosophischen Positionen der deontologischen Ethik, des Utilitarismus, des Präferenzutilitarismus und des abgeschwächten Präferenzutilitarismus, sowie die Position beider christlicher Kirchen systematisch dargestellt und für das Thema Sterbehilfe erläutert werden:

- **Was macht den Wert menschlichen Lebens aus ?**
- **Wer setzt den Maßstab dafür ?**
- **Gibt es eine Verfügbarkeit über menschliches Leben ?**
  Für wen über wen ?

2.1 Philosophische Grundfragen

Zwei philosophische Positionen sind für das Verständnis der Debatte um die Sterbehilfe bedeutsam. Es sind die deontologische Ethik und der Utilitarismus.

2.1.1 Die deontologische Ethik: I. KANT

Normen für spezifisch ärztliches und allgemein staatsbürgerliches Verhalten leiten sich von der deontologischen Ethik ab (vgl. Kap. 2.3.). Herausragendster Vertreter dieser Ethik ist Immanuel Kant.

Die deontologische Ethik begründet, warum Menschen etwas wert sind, wieviel sie wert sind und wie man handeln muß oder nicht handeln darf, um diesen Wert nicht zu verletzen. Von Lutterotti geht soweit zu formulieren, diese „Ethik lag bisher der abendländischen Kultur zugrunde, sie bestimmte auch das Recht und war, reflektiert oder nicht, Leitlinie ärztlicher Verlautbarungen der meisten westlichen Staaten." (v. Lutterotti 1994, S. 120)

Deontologische Ethik wird meist als „Pflichtenethik" verstanden. Allgemeine Erklärungen setzen sie stets in Gegensatz zum Utilitarismus und erklären, was sie im Vergleich dazu nicht ist: sie macht die Qualität und die Verbindlichkeit einer Handlung nicht von den Folgen der Handlung abhängig. Die Begründung des Wertmaßstabes wird nicht auf außermoralische Werte gestützt.

Positiv formuliert ist sie im speziellen Sinn eine normative Ethik, „die den moralischen Wert einer Handlung davon abhängig macht, ob sie aus Pflicht geschieht oder nicht" (Hügli et Lübcke 1995, S. 124).

„...Kant geht davon aus, daß moralisches Urteilen und Handeln nicht die Sache eines persönlichen Gefühls oder einer willkürlichen Entscheidung und auch nicht eine Frage der gesellschaftlich-kulturellen Herkunft, des Taktes oder der eingespielten Konvention sind. Vielmehr sieht er das menschliche Handeln unter letzte Verbindlichkeiten gestellt, für deren Einhalten man von anderen, aber auch von sich selbst zur Verantwortung gezogen wird" (Höffe 1996, S. 171).

Der Ursprung der Moral liegt nach Kant in der menschlichen Autonomie oder auch Freiheit, d.h. der Selbstgesetzgebung des menschlichen Willens. Die ethische Argumentation stellt Kant unter ein höchstes Prinzip der Moral.

Schlüsselbegriffe in der Kantischen Ethik sind unter anderem die Sittlichkeit und das Gute. Das schlechthin Gute ist von seinem Begriff her ohne weitere Einschränkungen, also unbedingt gut. Dieser Begriff des Guten gilt nicht nur für die personale individuelle Handlung, sondern auch für das Zusammenleben von Personen. Daher gibt es zwei Formen der Sittlichkeit: die Sittlichkeit einer Person (Moralität) und die Sittlichkeit im Zusammenleben von Personen (politische Gerechtigkeit, Begriff des Rechtes).

Für Kant ist allein der gute Wille etwas schlechthin Gutes. Nun ist der menschliche Wille aber Einflußfaktoren ausgesetzt, die den guten Willen beeinträchtigen können. Mit dem Begriff der Pflicht entwickelt Kant den Begriff des guten Willens genauer. „Pflicht ist die Sittlichkeit in der Form des Gebotes, der Aufforderung, des Imperativs" (Höffe 1996, S. 178). Pflicht und guter Wille stimmen aber nicht überein. Der Begriff der Pflicht ist nur dann in dem des guten Willens enthalten, wenn der gute Wille unter Einschränkungen und Hindernissen verfolgt wird. „Von Pflicht kann man nur dort reden, wo es neben einem vernünftigen Begehren noch konkurrierende Antriebe der naturwüchsigen Neigungen, wo es neben dem guten noch ein schlechtes oder böses Wollen gibt" (Höffe 1996, S. 178).

Es gibt drei Möglichkeiten, als Mensch die sittliche Pflicht zu erfüllen. Man kann sie aus Selbstinteresse erfüllen, aus Neigung zur Pflicht oder „aus Pflicht". Sittlich gutes Handeln erfolgt nach Kant nur dort, wo vom Menschen die Pflicht als solche gewollt und erfüllt wird. Nur in einem solchen Fall kann man auch von Moralität sprechen (Höffe 1996, S. 178 f).

Höchstes Beurteilungskriterium für Moralität ist der berühmte kategorische Imperativ. Er enthält eine Aufforderung, die ohne alle Einschränkung gilt und an die man sich halten muß.

„Genauer - und darin liegt die unhintergehbare Einsicht Kants - ist der kategorische Imperativ nichts anderes als der Begriff der Sittlichkeit unter den Bedingungen endlicher Vernunftwesen" (Höffe 1996, S. 182).

Allerdings bezieht sich der kategorische Imperativ nicht auf jede beliebige Form von moralischen Regeln, sondern nur auf Maximen. Maximen sind in der Kantischen Philosophie Grundsätze des Handelns, die eine allgemeine Bestimmung des Willens enthalten und mehrere praktische Regeln unter sich haben. „Maximen sind Grundhaltungen, die einer Vielzahl, auch Vielfalt konkreter Absichten und Handlungen ihre gemeinsame Richtung geben" (Höffe 1996, S. 186f).

Die Ausführungen in der „Grundlegung zur Metaphysik der Sitten" sind eingeschränkt auf den personalen Bereich menschlichen Handelns.

„Außer der Strukturanalyse der Handlung mit Hilfe des Willensbegriffes und der Unterscheidung von personaler und politischer Praxis (Tugend und Recht)

und innerhalb der personalen Praxis von Legalität und Moralität verstecken sich in Kants Ethik drei Grundformen der Praxis: entsprechend den drei Formen der Imperative. Während das technische Handeln beliebigen Zwecken und das pragmatische Handeln dem natürlichen Verlangen nach Glück dient, erhebt sich das sittliche Handeln über alle Funktionalisierung hinaus" (Höffe 1996, S. 185).

So lautet die erste Formulierung des kategorischen Imperativs:

„Der kategorische Imperativ ist also nur ein einziger und zwar dieser: handle nur nach derjenigen Maxime, durch die du zugleich wollen kannst, daß sie ein allgemeines Gesetz werde" (Kant 1983, S. 51).

Was macht den Wert menschlichen Lebens aus ?

Die zweite Formulierung oder auch materiale Vorstellungsart des kategorischen Imperativs ist folgende:

„Handle so, daß du die Menschheit, sowohl in deiner Person, als in der Person eines jeden andern jederzeit zugleich als Zweck, niemals bloß als Mittel brauchst" (Kant 1983, S. 51).

Der Mensch als Teil der vernünftigen Natur ist ein Zweck an sich selbst, sein Wert ergibt sich nicht erst aus seiner Beziehung zu anderen Menschen oder als Träger bestimmter Eigenschaften.

Wer setzt den Maßstab ?

Vereinfachend gesagt bildet die Vernunft die Grundlage des Wertemaßstabs. Vernunft ist das Vermögen, den Bereich der Sinne, die Natur zu übersteigen.

„Die praktische Vernunft... bedeutet die Fähigkeit, sein Handeln unabhängig von sinnlichen Bestimmungsgründen, den Trieben, Bedürfnissen und Leidenschaften, den Empfindungen des Angenehmen und Unangenehmen zu wählen" (Höffe 1996, S. 174).

Der Mensch hat die Möglichkeit, nicht nur nach vorgegebenen Gesetzen der Natur zu handeln, sondern sich selbst die Beziehungen zwischen Zweck und Mittel (Gesetze) vorzustellen, diese vorgestellten Gesetze als Prinzipien anzuerkennen und demgemäß zu handeln. Der Mensch kann mit anderen Worten wollen; praktische Vernunft ist das Vermögen zu wollen. Kant unterscheidet noch zwischen der empirisch bedingten praktischen Vernunft, die zu einem Teil von äußeren Trieben beeinflußt ist, und der reinen praktischen Vernunft. Er behauptet, „daß alle sittlichen Begriffe völlig a priori in der Vernunft ihren Sitz und Ursprung haben“ (Kant 1983, S. 40).

Gibt es eine Verfügbarkeit über Leben ? Für wen über wen ?

Man kann diese Frage auch so stellen: Ist Suizid als eine moralisch gute Handlung erlaubt ? Nach dem praktischen Imperativ ist die Antwort ein `Nein`.

„[Derjenige], der mit [dem] Selbstmorde umgeht, [muß] sich fragen, ob seine Handlung mit der Idee der Menschheit, als Zwecks an sich selbst, zusammen bestehen könne. Wenn er, um einem beschwerlichen Zustande zu entfliehen, sich selbst zerstört, so bedient er sich einer Person, bloß als eines Mittels, zu Erhaltung eines erträglichen Zustandes bis zu Ende seines Lebens. Der Mensch aber ist keine Sache, mithin nicht etwas, das bloß als Mittel gebraucht werden kann, sondern muß bei allen seinen Handlungen jederzeit als Zweck an sich selbst betrachtet werden. Also kann ich über den Menschen in meiner Person nichts disponieren, ihn zu verstümmeln,... oder zu töten." (Kant 1983 , S. 61)

Zusammenfassend läßt sich sagen, daß in der kantischen Ethik der Mensch als Bestandteil der vernünftigen Natur einen Wert an sich selbst hat und niemals bloß als Mittel zu einem Zweck angesehen oder genutzt werden darf. Dies schließt die Verfügbarkeit über das eigene Leben oder das anderer Menschen aus.

2.1.2 Der Utilitarismus: J. S. MILL

Bereits im 18. Jahrhundert kam mit J. Benthams Formulierung des Nützlichkeitsprinzips Kritik an der deontologischen Position auf, die u. a. von J. Stuart Mill weitergeführt wurde. Bentham definierte Nützlichkeit folgendermaßen:

„Unter dem Prinzip der Nützlichkeit ist jenes Prinzip zu verstehen, das schlechthin jede Handlung in dem Maß billigt oder mißbilligt, wie ihr die Tendenz innezuwohnen scheint, das Glück der Gruppe, deren Interesse in Frage steht, zu vermehren oder zu vermindern. Ich sagte schlechthin jede Handlung, also nicht nur jede Handlung einer Privatperson, sondern auch jede Maßnahme der Regierung" (Höffe 1992, S. 56).

J. S. Mill warf der kantischen deontologischen Ethik vor, daß der kategorische Imperativ völlig unbrauchbar sei, wenn man konkrete Handlungsanweisungen von ihm herleiten möchte (Mill 1985, S. 8). Die Handlungen der meisten Menschen würden gar in geradezu grotesker Weise dem kantischen Ideal widersprechen (Mill 1985, S. 8).

Basierend auf Benthams Prinzip der Nützlichkeit stellte Mill der idealistischen Pflichtenlehre Kants das Prinzip des größten Glücks entgegen. Er beschreibt das Prinzip des größten Glücks als die Grundlage der Moral, „daß Handlungen insoweit und in dem Maße moralisch richtig sind, als sie die Tendenz haben, Glück zu befördern, und insoweit moralisch falsch, als sie die Tendenz haben, das Gegenteil von Glück zu bewirken" (Mill 1985, S. 13).

Glück wird bei Mill als das Vorhandensein von Lust gesehen und die Abwesenheit von Unlust. Als Unglück gilt Unlust und das Fehlen von Lust. Mill sah die Notwendigkeit, die Begriffe schärfer einzugrenzen, sagte aber,

„daß Lust und das Freisein von Unlust die einzigen Dinge sind, die als Endzwecke wünschenswert sind, und daß alle anderen wünschenswerten Dinge (die nach utilitaristischer Auffassung genauso vielfältig sind wie nach jeder anderen) entweder deshalb wünschenswert sind, weil sie selbst lustvoll sind oder weil sie Mittel sind zur Beförderung von Lust und zur Vermeidung von Unlust" (Mill 1985, S. 13).

Dabei ist der Anspruch des Utilitarismus nicht weniger umfassend als der kantische:

„Diese [Moral] kann also definiert werden als die Gesamtheit der Handlungsregeln und Handlungsvorschriften, durch deren Befolgung ein Leben der angegebenen Art für die gesamte Menschheit im größtmöglichen Umfange erreichbar ist; und nicht nur für sie, sondern, soweit es die Umstände erlauben, für die gesamte fühlende Natur" (Mill 1985, S. 21)

Das Ziel utilitaristischer Ethik ist die Erlangung von Glück. Es ist das für den Utilitaristen wünschenswerteste Ziel. Daraus folgert Mill, daß alle Handlungen und Dinge nur als Mittel zu diesem Zweck wünschenswert sind (Mill 1985, S. 60).

Was macht den Wert menschlichen Lebens aus ?

Bei der Beantwortung dieser Frage stößt man beim klassischen Utilitarismus auf Schwierigkeiten. Er macht keine Aussagen über die Bedeutung der Theorie für den Wert eines einzelnen Menschenlebens. Als Werteskala gilt, was dem Glück der meisten Menschen dienlich ist. Man kann damit aus der utilitaristischen Theorie keinen absoluten Wert für das menschliche Leben ableiten. Wenn es dem Glück der größtmöglichen Anzahl der Menschen dienlich ist, kann man sogar einen Menschen töten und begeht damit eine moralisch gute Handlung. Ein Mensch kann aber auch besonders wertvoll sein, wenn er Fähigkeiten oder Eigenschaften hat, die wiederum das Glück vieler Menschen fördern.

Aus dem Sein eines Menschen allein ergibt sich in der utilitaristischen Denkweise allein noch kein Wert.

Wer setzt den Maßstab ?

Menschen setzen in der klassischen utilitaristischen Theorie den Maßstab für sich. Ziel ist ein Leben, „das so weit wie möglich frei von Unlust und in quantitativer wie in qualitativer Hinsicht so reich wie möglich an Lust ist“ (Mill 1985, S. 21).

Gut und erstrebenswert sind somit alle Handlungen, die zur Erlangung dieses Zieles dienen. Wer definiert, was als Qualität und erstrebenswerte Quantität zu gelten hat? Mill drückt sich an dieser Stelle bedauernswert undeutlich aus. Er spricht davon, daß der Maßstab „die Bevorzugung derer ist, die ihrem Erfahrungshorizont nach - einschließlich Selbsterfahrung und Selbstbeobachtung - die besten Vergleichsmöglichkeiten besitzen“ (Mill 1985, S. 21).

Es handelt sich hierbei nicht um einen errechneten Durchschnitt nach einer Umfrage, was die Mehrzahl der Menschen als Glück für sich empfinden würde, sondern um eine elitäre Form der Glücksdefinition: einige besondere, erfahrene Menschen setzen für andere Menschen den Maßstab, was als Qualität und Quantität des Glückes zu gelten habe.

Gibt es eine Verfügbarkeit über Leben ? Für wen über wen ?

Die Verfügbarkeit über Leben wird bei Mill zwar nicht explizit ausgedrückt, läßt sich aber aus der Theorie erschließen, wie oben schon angedeutet wurde.

Handlungen sind dann als moralisch gut zu bewerten und gelten als Norm, d.h. sie sind verbindlich, wenn sie dazu dienen, der größtmöglichen Anzahl von Menschen zum größtmöglichen Maß an Glück zu verhelfen. Handlungsregeln sind im Utilitarismus als „Faustregeln“ zu sehen. Die einzige Maxime ist „Maximiere den Nutzen.“ Wenn zur Erlangung dieses Nutzens die Tötung eines einzelnen Menschen oder einer Gruppe nötig wäre, würde diese Handlung gut und moralisch geboten sein. Man kann also aus der utilitaristischen Ethik kein generelles Tötungsverbot ableiten.

Allenfalls läßt sich indirekt schließen, daß eine grundsätzliche Unsicherheit dieser Art für das Glück einer großen Menge von Menschen wenig förderlich ist. Es lebt sich sehr angespannt, wenn man nicht sicher sein kann, eventuell für das Glück der großen Masse sterben zu müssen. Insofern kann die Schaffung eines Gesetzes, das die Tötung eines anderen grundsätzlich ächtet, zur Sicherheit des Einzelnen und damit zum Glück vieler Einzelner unabdingbar sein.

Es gibt aber grundsätzlich eine Verfügbarkeit über Leben in dieser ethischen Theorie, sowohl über das eigene als auch unter bestimmten Bedingungen über das anderer Menschen.

2.1.3 Der Präferenzutilitarismus: P. SINGER

Singer verändert den für den klassischen Utilitarismus grundlegenden Begriff der Lust bzw. des Glückes in den des Interesses. „Dies erfordert von mir, daß ich alle Interessen abwäge und jenen Handlungsverlauf wähle, von dem es am wahrscheinlichsten ist, daß er die Interessen der Betroffenen maximiert" (Singer 1984, S. 24).

Daher ist der Begriff des „Präferenzutilitarismus" von Singer selbst für diese Form des Utilitarismus geprägt worden.

In der Diskussion um Fragen am Lebensende ist für Singers Argumentation noch die Unterscheidung zwischen „Mitgliedern der Gattung Homo sapiens" und „Personen" wichtig. „Personen" sind für Singer Wesen, die Intelligenz, Vernunft und Reflexionsfähigkeit besitzen, sich selbst als eine denkende Entität mit einer Vergangenheit, Gegenwart und Zukunft wahrnehmen können.
„Auf jeden Fall schlage ich vor, `Person` in der Bedeutung eines rationalen uns selbstbewußten Wesen zu gebrauchen, um jene Elemente der landläufigen Bedeutung von `menschlichen Wesen` zu erfassen, die von `Mitglied der Gattung Homo sapiens` nicht abgedeckt werden" (Singer 1984, S. 106).

Mitglied der Gattung Homo sapiens sind also auch solche Menschen, die sich selbst nicht als rationale Wesen mit Vergangenheit und Zukunft wahrnehmen können wie Säuglinge, Kleinkinder, komatöse und geistig behinderte Menschen.

Was macht den Wert menschlichen Lebens aus ?

Da Singer, wie oben erläutert, den Begriff „menschlich" vermeidet und ihn statt dessen differenziert, muß auch die Beantwortung der Frage dieser Differenzierung folgen. Der Wert eines Menschen ergibt sich aus seinem Interesse, in der Zukunft bestimmte Wünsche und Pläne zu haben. Werden diese Wünsche verhindert, indem man diesem Menschen das Leben nimmt, begeht man eine moralisch schlechte Handlung.

Singer führt aus, daß für einen Präferenz-Utilitaristen „das Töten einer Person in der Regel schlimmer [ist] als das Töten eines anderen Wesens, weil ein Wesen, das sich nicht selbst als eine Wesenheit mit einer Zukunft sehen kann, keine Präferenz hinsichtlich seiner eigenen zukünftigen Existenz haben kann." (Singer

1984, S. 112). Das Töten eines „Wesens“ ist damit keine per se schlechte moralische Handlung.

Wer setzt den Maßstab ?

„Nach dem Präferenz-Utilitarismus ist eine Handlung, die der Präferenz irgendeines Wesens entgegensteht, ohne daß diese Präferenz durch entgegengesetzte Präferenzen ausgeglichen wird, falsch“ (Singer 1984, S. 112).

Im Präferenz-Utilitarismus setzen Menschen über Menschen den Maßstab. Singer verklausuliert dies etwas, indem er zum Nachweis der Richtigkeit seiner Auffassung die von ihm benannte „Universalisierbarkeit“ des Präferenz-Utilitarismus heranzieht.

„Mein Grund für diese Behauptung ist folgender: Indem ich akzeptiere, daß moralische Urteile von einem universalen Standpunkt aus getroffen werden müssen, akzeptiere ich, daß meine eigenen Interessen nicht einfach deshalb, weil sie *meine* Interessen sind, mehr zählen als die Interessen von irgend jemand anders. Daher muß, wenn ich moralisch denke, mein ganzes natürliches Bestreben, daß für meine Interessen gesorgt wird, ausgedehnt werden auf die Interessen anderer“ (Singer 1984, S. 23).

Bei der Unterscheidung „Mitglied der Gattung Homo sapiens“ und „Person“ wird von Singer im ersten Falle von einem allgemeinen Verständnis des Begriffes ausgegangen, bei „Person“ beruft er sich auf verschiedene Autoritäten, u. a. Locke (Singer 1984, S. 106 - 108).

Seine Begründung für seinen menschlichen Maßstab beruht letztlich auf intuitionistischen Argumenten und der Berufung auf Autoritäten.

Gibt es eine Verfügbarkeit über Leben ? Für wen über wen ?

In der Argumentation Singers lassen sich Argumente für Suizid und Gründe für freiwillige und nichtfreiwillige Euthanasie finden. Er schreibt, „daß die Zugehörigkeit eines menschlichen Wesens zur Gattung Homo sapiens allein keine Bedeutung dafür hat, ob es verwerflich ist, es zu töten, entscheidend sind vielmehr Eigenschaften wie Rationalität, Autonomie und Selbstbewußtsein“ (Singer 1984, S. 179).

Daraus folgt: „Kein Säugling - mag er nun mißgebildet sein oder nicht - hat in gleichem Maße Anspruch auf das Leben wie Wesen, die fähig sind, sich selbst als distinkte Entitäten zu sehen, die in der Zeit existieren“ (Singer 1984, S. 180).

Entscheidende Kriterien hierbei sind für Singer, wie die Existenz eines Säuglings - gesund oder nicht - von seinen Eltern empfunden wird. Freuen sich die Eltern über ein Kind, so ist es moralisch falsch es zu töten, weil es eine negative Wirkung auf die Eltern haben wird. Wollen Eltern ein mißgebildetes oder anders geschädigtes Kind nicht, so ist es eine moralisch gute Handlung, dieses Kind zu töten. Da aus der Spezieszugehörigkeit noch kein Tötungsverbot resultiert, diese Kinder noch in einem Stadium sind, in dem sie noch nicht als rational und als sich selbst in der Zeit reflektierend gelten und sie eine vergleichsweise geringere Lebensqualität erreichen werden, wie Singer annimmt, so schließt er nach präferenzutilitaristischen Maßstäben die Tötung dieser Kinder nicht aus (Singer 1984, S. 181).

Im Gegensatz dazu darf man aber einen sterbenskranken leidenden erwachsenen Menschen, der trotzdem sein Leben bis zu Ende leben möchte, keinesfalls töten, weil man sonst die Präferenz des Weiterleben-Wollens mißachten würde.
Es gibt also für Personen eine grundsätzliche Verfügbarkeit über das Leben von Menschen, oder genauer von Mitgliedern der Gattung Homo sapiens, während Personen zwar über sich selbst, aber nicht über andere Personen verfügen dürfen.

2.1.4 Der abgeschwächte Präferenzutilitarismus mit intersubjektiv-deontologischer Grundlage: N. HOERSTER

Der deutsche Rechtsphilosoph Norbert Hoerster hebt in seinen Ausführungen zur Sterbehilfe im säkularen Staat zwei Problempunkte in der gegenwärtigen Diskussion hervor:

1. Die von den christlichen Kirchen postulierte absolute Unantastbarkeit des Lebens darf nicht die moralische Grundlage des deutschen Rechtssystems sein, weil es durch die weitgehende Säkularisierung des Staates keinen Konsens mehr für religiöse Grundüberzeugungen gibt. Eine Begründung für die Ablehnung der Sterbehilfe auf ethischer, nicht religiöser Basis ließe sich wohl finden, „wenn es eine in einer überpositiven Werteordnung fundierte und erkennbare Unantastbarkeit menschlichen Lebens gäbe, die eine Sterbehilfe ausschließt“ (Hoerster 1998, S. 15). Jedoch sei „die generelle Annahme einer überpositiven Werteordnung ... wegen ihrer metaphysischen Voraussetzungen mit einem modernen, empirisch orientierten Weltbild kaum vereinbar“ (Hoerster 1998, S. 15).

2. Bereits heute werden auch von Juristen bzw. der Gesetzgebung Ausnahmen von der scheinbar absoluten Unantastbarkeit des Lebens zuge-

lassen und verteidigt: „Nicht nur etwa das Töten in Notwehr, sondern sogar Massentötungen in einem Verteidigungskrieg werden sowohl von den allermeisten Individuen (ob Ethikern oder Laien) als auch von den moralischen und rechtlichen Institutionen so gut wie aller Gesellschaften durchaus gebilligt" (Hoerster 1998, S. 16). So wäre zu zeigen, warum die Unantastbarkeit einige Ausnahmen zuläßt, aber gerade die Sterbehilfe nicht.

Hoersters nicht überpositive, sondern - wie er selbst schreibt - intersubjektiv überzeugende Begründung ist folgende: „Jeder Mensch hat unter normalen Bedingungen ein starkes Interesse am Überleben. Zwar richtet sich dieses naturwüchsig vorhandene Interesse nicht auf Überleben schlechthin ... Es richtet sich aber doch auf das *eigene* Überleben sowie auf das Überleben *persönlich Nahestehender*" (Hoerster 1998, S. 24). Alle würden davon profitieren.

Den Begriff des Interesses spezifiziert Hoerster folgendermaßen: „Es genügt hier, darauf hinzuweisen, daß diese Interessen - welcher Art im einzelnen auch immer - bei einem Individuum spätestens zu jenem Zeitpunkt endgültig erlöschen, zu dem dieses Individuum auf immer, also irreversibel sein Bewußtsein verliert. Ohne Bewußtsein gibt es nämlich überhaupt keine Interessen - ob diese nun an Empfindungen, Wünsche oder Erfahrungen an Rationalität oder Autonomie, an Kommunikation oder Kontemplation gebunden sind" (Hoerster 1998, S. 104).

Hoerster sieht zwar seine von den Individualinteressen geleitete Ethik nicht als utilitaristisch an (Hoerster 1998, S. 105), dennoch ist eine Nähe zum Präferenzutilitarismus Singers nicht zu übersehen. Von den Folgen her sind beide ethischen Ansätze gleich, nur die Begründung läuft graduell anders. Während Singer durch seine Zusatzdefinitionen bzw. Einteilung der Menschen in Personen und Mitglieder der Spezies Homo sapiens eine Grundlage für eine unterschiedliche Behandlung schafft, argumentiert Hoerster, daß Interessen nur bei vorhandenem Bewußtsein eines Lebewesens vorhanden sein können und damit bei Entscheidungen berücksichtigt werden müßten.

Was macht den Wert menschlichen Lebens aus ?

Entweder muß man hier antworten, daß sich der Wert eines Menschen danach bemißt, ob er/sie/es in der Lage ist, Interessen zu haben. Oder aber man berücksichtigt zweierlei:
Hoerster argumentiert als Jurist in einem demokratisch verfaßten Staat: „Welche Regelung dieser Thematik läßt sich insofern legitimieren, als sie im Einklang steht mit jenen rechtsethischen Prinzipien, die einer grundsätzlich liberalen, an den Interessen des einzelnen orientierten Sichtweise entsprechen?" (Hoerster

1998, S. 124). Er geht implizit schon von deontologischen Grundlagen aus, nämlich daß jeder Mensch einen Wert an sich hat und versucht, diesem Wert in Fragen des Sterbens mehr Gewicht beizumessen. Es geht Hoerster nicht um allgemeine Lebensqualität-Diskussionen, sondern um die Interessen an sich wertvoller Menschen.

Wer setzt den Maßstab ?

Den Maßstab setzen Menschen für sich selbst: „Es sind nicht etwa die Interessen der Allgemeinheit, sondern ausschließlich die Lebensinteressen der Betroffenen, die für die Definition ihres Lebens bzw. Todes maßstabsetzend sind“ (Hoerster 1998, S. 105).

Gibt es eine Verfügbarkeit über Leben ? Für wen über wen ?

Der bewußte Mensch kann nach Hoerster seinen Interessen gemäß über sein eigenes Leben verfügen (Hoerster 1998, S. 37-41). Dabei argumentiert er stets im juristischen Zusammenhang:

„Im Vorangehenden habe ich dafür argumentiert, daß unter bestimmten Bedingungen eine Sterbehilfe mit hoher Wahrscheinlichkeit im Interesse der Betroffenen liegt und deshalb von der Rechtsordnung zugelassen werden sollte“ (Hoerster 1998, S. 41).

Die Frage ist bei bewußtlosen Menschen oder solchen, die sich in anderen Zuständen der Nichteinwilligungsfähigkeit befinden, schwieriger zu beantworten. Hierbei behält der Patient die Verfügbarkeit über sein Leben. Wenn er seinen Willen in Bezug auf bestimmte Lebens- und Behandlungssituationen nicht ausdrücklich geäußert hat, wird nach Einholen von Informationen, die Aufschluß darüber erbringen können, die Behandlung nach seinem mutmaßlichen Willen gestaltet. Niemand anders erhält die Verfügbarkeit.

Hoerster erteilt allen anderen Sichtweisen auf dieses Problem, daß Menschen vielleicht in Todesangst ihre Meinung ändern könnten oder noch nie eine so explizite Meinung für solche Extremsituationen entwickelt haben, eine scharfe Abfuhr (Hoerster 1998, S. 84 - 86).

Bezüglich der eigentlich von medizinischer und juristischer Seite längst anerkannten Verfahren der passiven Sterbehilfe vertritt Hoerster eine restriktive Haltung: *„Nicht nur die aktive, sondern auch die passive Herbeiführung des Todes bei einem Menschen, die anstatt im Interesse des Betroffenen im Interesse Dritter oder der Gesellschaft liegt, muß prinzipiell verboten bleiben“ (Hoerster 1998, S.99).*

2.2 Theologische Grundfragen

Für Europa sind die Grundpositionen wichtig, wie sie im katholischen, orthodoxen und reformatorischen kirchlichen Rahmen formuliert werden. Eine europäische Erklärung der Grundkonfessionen zur Sterbehilfe existiert noch nicht, jedoch können die Verlautbarungen des apostolischen Stuhles, da für die gesamte katholische Christenheit geltend, als eine übernationale Stellungnahme der Katholiken genommen werden.

In Deutschland wurde 1989 eine gemeinsame Erklärung des Rates der Evangelischen Kirche in Deutschland und der Deutschen Bischofskonferenz zu den Herausforderungen und Aufgaben beim Schutz des Lebens herausgegeben. Dieser Meinung schlossen sich auch die griechisch orthodoxe Metropolie von Deutschland und diverse kleinere evangelische und katholische Kirchen an (Kirchenamt der EKD 1991).

Um den o. g. Fragenkatalog zu beantworten, bedarf es hier einer weitergehenden Frage:

Woher kommt das Leben ?

Beantwortet wird dies in der Denkschrift folgendermaßen:
„Die Existenz und der Bestand von Leben hängen an Gott. Denn er schafft, will und erhält das Leben. Er ist in sich selbst lebendig und als 'Quelle des Lebens' (Ps 36,10) unterschieden vom geschaffenen, damit endlichen, natürlichen Leben" (Kirchenamt der EKD 1991, S. 22).

Was macht den Wert menschlichen Lebens aus ?

„[Es] wird deutlich, daß Leben, weil es von Gottes Leben durchdrungen ist, mehr ist als das natürliche Leben ... Darum kann das natürliche Leben auch nicht einen höchsten und letzten Wert darstellen" (Kirchenamt der EKD 1991, S. 22).

Weiter heißt es:

„Wie alles Leben hat auch das menschliche Leben seine Eigendynamik und seine soziale Dimension. Das menschliche Leben braucht die Annahme durch die Mitmenschen. Daß Leben in ethischer Betrachtung ein Gut und einen Wert darstellt, hängt freilich nicht an seinem Angenommensein durch Menschen; jedes Lebewesen hat aufgrund seiner Annahme durch Gott einen eigenen Wert und Sinn" (Kirchenamt der EKD 1991, S. 23).

„Wert und Unwert eines anderen Menschenlebens entziehen sich auch schlicht unserer Kenntnis. Nur der einzelne selbst kann im Blick auf sein Leben zu bestimmen suchen, was ihm sein Leben lebenswert, wesentlich und fruchtbar macht. Doch ist jeder zugleich mehr und anderes als er von sich weiß; er schöpft mit seinem Wissen von sich nie aus, was er für sich und für die anderen ist ... Folglich hat kein Mensch Recht und Kompetenz, inhaltlich definierend festzulegen, was das Leben eines anderen - oder sein eigenes Leben - ist und ausmacht" (Kirchenamt der EKD 1991, S. 41).

Wer setzt den Maßstab ?

Gott gibt den Wert eines Menschen durch die Annahme des Menschen. Der Wert des menschlichen Lebens entzieht sich menschlichen Wertungen: *„Denn er [Gott] schafft, will und erhält das Leben" (Kirchenamt der EKD 1991, S. 22).*

Gibt es eine Verfügbarkeit über Leben ?

„Alles Leben verdient als vorgegebenes Leben entsprechende Achtung. Eingriffe in fremdes Leben sind nicht selbstverständliches Recht des Menschen, sondern bedürfen einer ausdrücklichen Rechtfertigung. Für den Umgang mit anderem menschlichen Leben ist es von grundlegender Bedeutung, jedes Menschenleben als in sich wertvoll, unersetzbar und also unverfügbar zu erkennen und so in seiner Würde zu achten" (Kirchenamt der EKD 1991, S. 17).

Die christlichen Kirchen versuchen mit diesen Formulierungen den schwierigen Pfad zwischen der Unantastbarkeit des menschlichen Lebens und der Forderung nach Selbstbestimmung des Menschen gerade auch in der modernen Medizin zu gehen. Dies ist im wahrsten Sinne des Wortes verwickelt und in der Argumentationsführung nicht immer konsequent.
Es wird eindeutig geäußert, daß niemand über den Wert und Unwert eines anderen menschlichen Lebens zu befinden habe, selbst nicht über das eigene (Kirchenamt der EKD 1991, S. 107).

Dies deutet eigentlich auf eine klare Absage des Suizides hin, die jedoch an anderer Stelle der Denkschrift etwas relativiert wird:

„Für den Christen bedeutet die Selbsttötung eines anderen Menschen eine enorme Herausforderung: Er kann diese Tat im letzten nicht verstehen und nicht billigen - und kann dem, der so handelt, seinen Respekt doch nicht versagen" (Kirchenamt der EKD 1991, S. 107).

Aktive Sterbehilfe wird von den Kirchen eindeutig abgelehnt: *„Das Töten eines Menschen kann unter keinen Umständen eine Tat der Liebe, des Mitleids mit* *dem anderen sein, denn es vernichtet die Basis der Liebe" (Kirchenamt der EKD 1991, S. 107).* Sofern Leidenslinderung und nicht Lebensverkürzung das Ziel ärztlich-pharmakologischer Intervention ist, kann indirekte Sterbehilfe toleriert werden. „*Wenn das Eintreten des Todes nicht beabsichtigt ist, Zweck des Handelns vielmehr ist, das noch verbliebene Leben eines Sterbenden erträglich zu machen, so kann das tödliche Risiko als Nebenwirkung hingenommen werden" (Kirchenamt der EKD 1991, S. 108).*

2.3 Juristische Grundfragen

Die Problematik der Sterbehilfe bewegt sich in einem Spannungsfeld von Ansprüchen. Handlungsnormen werden vom Gesetzgeber und von Standesorganisationen vorgegeben: Es gibt ein Recht auf Leben. Niemand darf einen anderen Menschen töten.

Diese Normen werden theologisch-philosophisch begründet.

Daneben gibt es die Ansprüche der Patienten nach Erlangung eines Zieles in einem Krankheitsprozeß: Heilung oder Leidensminderung und Begleitung. Dies kann auch der Wunsch nach Sterbehilfe sein, um ein als unerträglich und aussichtslos empfundenes Leben zu beenden.

Moralische Vorschriften wirken in uns. Sie werden in der kindlichen Sozialisation angelegt und während des Lebens durch unterschiedliche Einflüsse gefestigt und verändert. Patientenansprüche werden in konkreten Situationen von außen an Ärzte herangetragen. Juristische Normen werden ebenfalls von außen herangetragen und sind sanktionsbewehrt. Sterbehilfe berührt das in allen europäischen Staaten bestehende Tötungsverbot, insofern sind die Strafen, die damit einhergehen, hoch.

In diesem Spannungsfeld von innen wirkenden, zum Teil nicht bewußten, und von außen herangetragenen Ansprüchen und einer konkreten medizinischen Situation werden Entscheidungen am Lebensende (End-of-life-decisions) getroffen. Diese verstehen sich nicht von selbst. Die Diskussion um die Sterbehilfe berührt ein in den Gesetzen der europäischen Länder und in ihrer Rechtsprechung verankertes Grundrecht: Das Recht auf Leben (Koch 1994). Dieses Grundrecht ist nicht als absolutes Recht oder religiöses Gebot zu sehen, sondern als das säkulare *„Verbot von Differenzierungen bei der Beurteilung menschlichen Lebens, etwa auf Grund von Unwerturteilen aus sozialen, eugenischen, wirtschaftlichen oder politischen Erwägungen", wie Wassermann formulierte (Wassermann 1993, S. 15)*

Das Recht auf Leben erfährt allerdings in den Gesetzen der einzelnen europäischen Länder und in ihrer Rechtsprechung einige Einschränkungen. Die Tötung eines anderen Menschen im Kriegsfall und die Notwehr in Friedenszeiten sind solche Ausnahmen, aber auch der Schwangerschaftsabbruch unter bestimmten Bedingungen oder die Todesstrafe. Durch das Verlangen des Opfers nach dem Tod kann ein Sondertatbestand geschaffen werden, der strafmildernd wirkt: Tötung auf Verlangen (so in der Schweiz, Niederlande, Deutschland, Dänemark, Italien, Norwegen). Es gibt vielfältige andere Formen der Strafmilderung, bis hin zur Strafaussetzung durch Anwendung allgemeiner Vorschriften auch auf ein bereits privilegiertes Tötungsdelikt.

Die dabei jeweils herrschenden juristischen Normen geben den Rahmen vor, in dem sich die Entscheidungen vollziehen, daher sollen hier für die skandinavischen Länder, England, Schottland, die Schweiz, Österreich, Frankreich und Italien die rechtlichen Rahmenbedingungen skizziert werden. Deutschland und die Niederlande werden gesondert (Kap. 4 und 5) besprochen.

2.3.1 Rechtliche Rahmenbedingungen

2.3.1.1 Dänemark

Es gibt in Dänemark keine speziellen Gesetze, die die Sterbehilfe regeln. Nach §237 dänStGB gilt die Tötung eines anderen als Totschlag und wird mit Gefängnisstrafen sanktioniert. Tötung auf Verlangen (§239) wird ebenfalls mit Gefängnisstrafen belegt, allerdings geringeren als bei §237. Beihilfe zum Suizid ist ebenfalls strafbar. Strafmilderungsgründe können sein: heftige Gemütsbewegung oder besondere Informationen über den Geisteszustand des Täters oder die Tatumstände. In Ausnahmefällen kann die Strafe sogar wegfallen (Cornils 1991 a).

2.3.1.2 Schweden

Auch in Schweden werden Fälle von Sterbehilfe nach den Gesetzen für die allgemeinen Tötungsdelikte Mord und Totschlag abgehandelt, die jeweils mit hohen Gefängnisstrafen belegt sind (§§1 und 2, Kap. 3 des schwed. Kriminalgesetzbuches). Beihilfe zum Suizid ist kein Straftatbestand. Strafmilderungsgründe können sein: die Motivation des Täters, besonders ein starkes Mitgefühl mit dem Opfer (§3, Kap. 29).

1988 wurde das Prozeßgesetz soweit abgeändert, daß von einer Anklageerhebung abgesehen werden darf, wenn ersichtlich ist, daß es keine Bestrafung bedürfe, um einen Täter an einer Wiederholung seiner Tat zu hindern (Cornils 1991 c).

2.3.1.3 Norwegen

In Norwegen gibt es keine eigenständige Gesetzgebung zur Sterbehilfe. Tötungsdelikte, die aus Mitleid mit dem schweren Leiden eines Kranken geschehen, bilden allerdings gesetzliche Privilegierungsgründe: Tötung mit Einwilligung des Opfers und Tötung aus Mitleid (§233 Abs. 2) (Cornils 1991 b).

Beihilfe zum Suizid ist nicht straffrei, sondern wird als Beihilfe zum Totschlag gewertet (§236 (1) norwStGB). Die vorherrschende juristische Einschätzung dabei ist auch, daß jeder stets verpflichtet ist, bei einem Suizidversuch alle notwendigen lebensrettenden Maßnahmen zu ergreifen (Cornils 1991 b). Bei Vorliegen des Sachverhaltes Tötung auf Verlangen oder Tötung aus Mitleid kann jedoch die Strafe herabgesetzt werden. (§235 (2) norwStGB).

1984 wurde vom norwegischen Sozialministerium ein Sonderausschuß berufen, der einen Bericht über die „Pflege und Betreuung ernstlich kranker und sterbender Menschen“ erarbeiten sollte. Von diesem Ausschuß wird die aktive Sterbehilfe ausdrücklich abgelehnt. Verzicht oder Abbruch einer Behandlung erscheint jedoch unter bestimmten Bedingungen sinnvoll, um einen Sterbeprozeß nicht zu verlängern. Die Verabreichung schmerzstillender Mittel, die in der Situation den Tod beschleunigen können und der Abbruch von bereits begonnenen lebensverlängernden Maßnahmen werden als Grenzfälle zwischen aktiver und passiver Sterbehilfe angesehen, und dem Arzt wird für leidensmindernde Behandlung von der Tendenz her ein größerer Entscheidungsspielraum zugemessen (Cornils 1991 b).

2.3.1.4 Italien

In Italien wird der Begriff „eutanasia“ nicht eindeutig gebraucht. Der Begriff hat keine festen Konturen, formulierte Bosch 1991: „Eine einheitliche Abgrenzung von Fallgruppen wird jedoch nirgends erreicht, auch die Behandlung bzw. Weiterbehandlung von Schwerkranken wird in verschiedenen Zusammenhängen gesehen.“ (Bosch 1991, S. 393)

Straffreistellung für Fälle, die als *eutanasia* bezeichnet werden, kommt nach geltender Rechtsauffassung nicht in Frage. Bei diesem Tatbestand wird gegen das generelle *Fremdtötungsverbot* verstoßen und auch das Motiv des Mitleids oder die Einwilligung des Opfers wirken nur in einem ganz engen Rahmen strafmildernd.

Bei Fällen, die als *eutanasia* gelten, kommt zunächst der Artikel 576 Codice penale (C.p.) zur Anwendung, der Tötungsdelikte als vorsätzliche Tötung regelt. Die Strafe kann aus besonderen sittlichen oder sozialen Gründen gemildert werden (Art. 62 C.p.). Der Artikel 579 C. p. regelt die Tötung mit Einwilligung: hier wird ein geringeres Strafmaß verhängt als bei vorsätzlicher Tötung, bei Minderjährigen, geistig Schwachen oder bei Nötigung greift allerdings wieder der Artikel 576. Der Suizid ist in Italien zwar straflos, die Beihilfe dazu wird jedoch mit Gefängnis von einem bis zu fünf Jahren bestraft (Art. 580 C. p.).

2.3.1.5 Frankreich

Auch in Frankreich gibt es bislang keine eigenständige Sterbehilfegesetzgebung. Fälle von Sterbehilfe werden nach dem Strafgesetzbuch abgehandelt. Aktive Tötung eines Menschen mit oder ohne dessen Einwilligung erfüllt die Tatbestände des Totschlags (Meutre) oder des Mordes (Assassinat). Beides wird unterschiedslos mit lebenslanger Freiheitsstrafe geahndet.

„Denn weder die Motive des Täters noch das Einverständnis oder gar Verlangen des Opfers ändern nach Auffassung des französischen Gesetzgebers etwas am Unrechtsgehalt der Tat, so daß sie weder in einen besonderen (Milderungs-) Tatbestand eingeflossen sind, noch als Rechtfertigungsgründe betrachtet werden" (Spaniol 1991, S. 285).

Der Schärfe der Gesetzeslage entspricht die Rechtsprechung in den meisten Fällen nicht.

„Die Eigenart der französischen Geschworenengerichte scheint ... wiederholt dazu geführt zu haben, daß die Geschworenen, ohne daß es von seiten der Berufsrichter beeinflußbar gewesen wäre, auf „nicht schuldig" erkannten, wenn die Tat mit Einverständnis des Patienten oder aus altruistischen Gründen erfolgte" (Spaniol 1991, S. 286).

Seit dem Inkrafttreten des Art. 463 C.p. 1960, der besagt, daß auch bei Kapitalverbrechen mildernde Umstände die Strafe auf ein geringeres Maß reduzieren können, scheint die Gerichtspraxis häufiger einen Schuldspruch zu fällen, aber die Motivation dabei mildernd zu berücksichtigen und unter Umständen sogar die Strafe zur Bewährung auszusetzen.

„Obgleich diese Urteile nicht veröffentlicht sind, scheint doch den Hinweisen der einschlägigen Literatur zufolge diese Strafmilderung und auch die Aussetzung zur Bewährung gängige Praxis zu sein" (Spaniol 1991, S. 286).

Da nach übereinstimmender Meinung in Literatur und Rechtsprechung die Tötung eines Menschen ein positives Tun voraussetzt, ist das Sterbenlassen eines Patienten kein Tötungsdelikt. Hier kann allerdings der Tatbestand der unterlassenen Hilfeleistung geltend gemacht werden, wobei keine Klarheit herrscht, ob eine Gefahr für den Patienten in einem unabwendbaren Sterbeprozeß (processus naturel de la mort) überhaupt vorliegt und damit unterlassene Hilfeleistung unterstellt werden kann.

„Hilfe sei nur verlangt, wo noch Hilfe gebraucht werde. Deshalb könne auch nur der Arzt nach Art 63 Abs 2 C. p. bestraft werden, der dort nicht eingreift, wo

eine Rettung noch möglich sei, nicht hingegen der Arzt, der von „unnützen" („inutilites") Behandlungen absehe" (Spaniol 1991, S. 288).

„Auch wenn die Gefahr bis zum Tod bestehe, so habe doch der Helfende eine gewisse Definitionsmacht über das Ausmaß seiner Hilfe: Es sei Sache des Arztes, entsprechend dem konkreten Krankheitsverlauf nach den Regeln der ärztlichen Kunst zu entscheiden, ob und inwieweit eine ärztliche Intervention noch angebracht ist (Spaniol 1991, S. 289).

Auch beim Abschalten eines Gerätes scheint in der Rechtspraxis noch nie jemand verfolgt worden zu sein, der eine aussichtslos erscheinende Behandlung unterließ (Spaniol 1991, S. 289).
Einfacher ist die Sachlage, wenn ein Patient einen Sterbewillen geäußert hat oder eine Behandlung verweigert. *„Eine Art Pflichtenkollision zwischen allgemein bestehender Hilfspflicht und Selbstbestimmungsrecht des Patienten rechtfertige hier den Arzt, der sich dem Wunsch des Patienten nicht verweigere" (Spaniol 1991, S. 289).*
Obwohl in Frankreich das Leben kein disponibles Rechtsgut darstellt, ist der Suizid nicht strafbar. *„Straflos ist deshalb nach gefestigter Rechtsprechung und herrschender Meinung jede aktive Handlung, die sich in einer Beihilfe zum Suizid erschöpft" (Spaniol 1991 S. 290).*

Die Abgrenzung der Suizidbeihilfe zur Tötung auf Verlangen ist schwierig, wie sich auch in der deutschen Rechtspraxis zeigen wird. In der französischen Rechtsprechung gibt es einen interessanten Widerspruch zwischen der Straflosigkeit der Beihilfe zum Suizid und dem Sterbenlassen eines Suizidenten: letzteres ist strafbar wegen der unterlassenen Hilfeleistung bei vorliegender Gefahr. Seit 1987 ist die Verleitung zum Suizid allerdings ein Straftatbestand (C.p. Art. 223-13).
Fragen indirekter Sterbehilfe sind nach Spaniol von den französischen Gerichten noch nicht verhandelt worden (Spaniol 1991 S. 295).
1997 wurde von 35 Senatoren ein Gesetzentwurf eingebracht, der eine Ablehnung von Therapie durch den Patienten regeln soll sowie dem Patienten erlaubt, um aktive Sterbehilfe zu bitten.[1]
Die Behandlung dieses Gesetzentwurfes ist nach Auskunft des Dokumentationsdienstes der französischen Nationalversammlung noch hängig (Bericht der Arbeitsgruppe „Sterbehilfe" 1999).

---

[1] Dokument Nr. 166, Senat, Proposition de loi relative audroit de mourir dans la dignite, Beilage zum Protokoll der Sitzung vom 26. Januar 1999, in: Sterbehilfe. Bericht der Arbeitsgruppe „Sterbehilfe" des Eidg. Justiz- und Polizeidepartments, Bern 1999

2.3.1.6 Belgien

Aktive Sterbehilfe ist in Belgien verboten und erfüllt den Tatbestand des Mordes (assassinat, C. p. Art. 397) oder der Tötung (meutre, C.p. Art. 393). Gesetzliche Strafandrohung ist nach wie vor die lebenslängliche Zwangarbeit bzw. die Todesstrafe, wobei die Todesstrafe seit den 50er Jahren in Belgien nicht mehr durchgeführt wird. Die Motivation des Täters spielt dabei keine Rolle, auch die Einwilligung des Getöteten nicht.. Im Artikel 397 des C.p. wird der Spezialfall der aktiven Sterbehilfe durch Medikamente als Vergiftung (empoisonnement) erfaßt und mit der Todesstrafe belegt. Allerdings werden in der Rechtsprechung durchaus mildernde Umstände bei Fällen von aktiver Sterbehilfe anerkannt (Locher-Linn et Oudijk 1991, S. 254 - 256).

Suizid und Beihilfe zum Suizid werden in Belgien ebenso wie in Deutschland nicht strafrechtlich verfolgt. Auch die indirekte Sterbehilfe ist sowohl ärztlich als auch juristischanerkannt. Schwierigkeiten machte in der belgischen Rechtsprechung lange die Differenzierung zwischen aktiver und passiver Sterbehilfe (Locher-Linn M et Oudijk J C 1991, S. 254).

Zur Zeit wird im belgischen Parlament ein Reformvorhaben diskutiert, das ähnlich wie in den Niederlanden die Schaffung eines Sondertatbestandes für die aktive Sterbehilfe im Strafgesetz und die Ausnahme von der Strafverfolgung zum Ziel hat.

2.3.1.7 Großbritannien

Auch in Großbritannien gibt es keine eigenständige Gesetzgebung für Sterbehilfe. Die Tötung eines Menschen mit Tötungsabsicht - und dies liegt bei aktiver Sterbehilfe zweifelsfrei vor - gilt als „murder“ und wird obligatorisch mit lebenslangem Gefängnis bestraft. Die Einwilligung des Betroffenen gilt als irrelevant (Huber 1991, S. 342). Suizid ist seit dem Suicide Act 1961 nicht mehr strafbar, wohl aber die Beihilfe dazu (in England und Wales).

„Für die *aktive Sterbehilfe aus humanitären Gründen* hat die Praxis die infolge der obligatorischen lebenslangen Freiheitsstrafendrohung für Mord rigide Situation abgeschwächt“ (Huber 1991, S. 343).

In solchen Fällen wird als mildernder Umstand „verminderte Zurechnungsfähigkeit“ anerkannt, so daß die Strafe wegen Totschlags bemessen werden kann. Dies gilt jedoch nur für Angehörige bzw. betroffene „Laien“, nicht für Ärzte. Die vorsätzliche Beschleunigung des Todeseintrittes, auch wenn sie durch einen Arzt erfolgt, ist ein Mord. Allerdings wurde vom Gericht im Fall „Dr. Adams“ die indirekte Sterbehilfe als in bestimmten Fällen gebotene Maßnahme bezeichnet: „... he [the doctor] is entitled all that is proper and necessary to relieve pain and suffering, even if the measures he takes may incidentally shorten life“ (Huber 1991, S. 342).

In Fällen, die der passiven Sterbehilfe zuzuordnen wären, dem Abschalten lebenserhaltender Apparaturen und Medikamente, finden sich keine Verurteilungen von Ärzten wegen Mordes.

„Die Strafverfolgung wäre dann höchst unwahrscheinlich, wenn das Abschalten als anerkannte medizinische Praxis in einem solchen Fall gilt“, schreibt Huber 1991 (Huber 1991, S. 345).

In Fällen von Tötung auf Verlangen wurde einige Male entsprechend der Teilnahme an einer Selbsttötung geurteilt. Im Fall McShane wurde gezeigt, daß „sich der Teilnehmer an der Selbsttötung auch dann schuldig [macht], wenn diese gar nicht durchgeführt wird. Auch der Versuch der Beihilfe zum Selbstmord wird bestraft“ (Huber 1991, S. 346).

„Entscheidungen, deren Gegenstand die aktive Sterbehilfe durch einen Arzt ist oder die die Grenzen zwischen aktiver Sterbehilfe, indirekter Sterbehilfe durch Herabsetzen der Leidenintensität und Beihilfe zum Selbstmord klar ziehen, finden sich kaum“ (Huber 1991, S. 342).

Großes öffentliches Aufsehen erregte in den letzten Jahren der Fall Anthony Bland. Der junge Mann war bei Fußballkrawallen schwer verletzt worden und befand sich im apallischen Syndrom. Der behandelnde Arzt wollte nach langer Auseinandersetzung mit den Kollegen und den Eltern des jungen Mannes die Antibiotikatherapie einstellen und die Magensonde entfernen. Dies wurde zunächst durch den Coroner und den High Court untersagt. Erst die zuletzt angerufene Instanz, das House of Lords, gab dem Antrag statt (BMA 1997). Der Fall ist insofern inhaltlich unterschieden von den bisher erwähnten Sterbehilfefällen, als es sich bei Bland nicht um einen Sterbenden, sondern um einen zerebral schwerst geschädigten Menschen handelte. Das Unterlassen einer notwendigen Antibiotikatherapie bei Pneumonie oder Sepsis kann zwar der passiven Sterbehilfe zugeordnet werden, aber die Ernährung zu unterlassen durch Entfernung einer Magensonde ist eindeutig eine beabsichtigte Unterlassung einer lebensnotwendigen Maßnahme bei einem Nicht-Sterbenden zwecks Herbeiführung des Todes. Dies bedarf einer gesonderten Rechtfertigung und ist nach heutiger Rechtsprechung in England und auch in Deutschland nur in Einzelfällen erlaubt, wenn nachvollziehbar ist, daß dies dem ausgesprochenen oder mutmaßlichen Willen des Patienten entsprochen hätte. (vgl. Kap 3.3., 5.2.,6.2.)

1992 wurde Dr. Cox wegen versuchten Mordes verurteilt, weil er einem sterbenden Patienten eine hohe Dosis Kaliumchlorid verabreicht hatte. Da Kalium kein Schmerzmittel ist, konnte seine Tat nicht als indirekte Sterbehilfe interpretiert werden. Der Nachweis, daß das Kalium direkt den Tod verursacht habe, konnte jedoch auch nicht erbracht werden, so daß die Verurteilung wegen versuchten Mordes erfolgte (BMA: PAS Conference Project 1998).

An der gesetzlichen Regelung hat sich seit Hubers Zusammenfassung 1992 nichts geändert. Nach wie vor ist aktive Sterbehilfe verboten, und die Tötung eines Patienten durch Medikamentengaben mit dem Ziel der Lebensbeendigung wird als Mord strafverfolgt. Die Voluntary Euthanasia Bill und die Doctor Assisted Dying Bill von 1993 und 1997 wurden nicht zur zweiten Lesung im Parlament zugelassen (BMA: PAS Conference Project 1998).

2.3.1.8 Schweiz

In der Schweiz wird das Thema Sterbehilfe seit 1975 diskutiert, als gegen Prof. Hämmerli ein Strafverfahren eingeleitet wurde mit dem Vorwurf des Nahrungsentzuges bei sterbenden Patienten in 27 Fällen (Heine 1991, S. 549).

In der Schweiz werden Sterbehilfefälle in der Regel über die Paragraphen 114 und 115 StGB „Tötung auf Verlangen" und „Verleitung und Beihilfe zum Selbstmord" verhandelt. Tötung auf Verlangen ist verboten und wird mit Gefängnis bestraft; Verleitung und Beihilfe zum Suizid wird bei selbstsüchtigen Beweggründen mit Freiheitsentzug bestraft. Die Motivation wird also durchaus berücksichtigt.

Als Strafmilderungsgrund kann gelten, wenn der Täter aus „achtenswerten Beweggründen" oder „in schwerer Bedrängnis" gehandelt hat (Art. 64 StGB; Heine 1991, S. 604). Einzig der Kanton Aargau hat in seiner Kantonalen Gesetzgebung (Gesundheitsgesetz vom 11.11.87) eine Regelung explizit zur Sterbehilfe geschaffen:

„§ 54 Sterbehilfe.
(1) Aktive Sterbehilfe ist nicht gestattet.
(2) Der Arzt kann die Behandlung beim tödlich erkrankten, nicht mehr urteilsfähigen Patienten einstellen,
(a) wenn ein Hinausschieben des Todes für den Sterbenden eine nicht zumutbare Verlängerung des Leidens bedeutet und
(b) wenn das Grundleiden mit aussichtsloser Prognose einen irreversiblen Verlauf angenommen hat und
(c) wenn der Verzicht auf eine Behandlung dem mutmaßlichen Willen des Patienten entspricht.

(3) Der gesetzliche Vertreter und die nächsten Angehörigen sind vom Arzt vor seinem Entscheid anzuhören. Ist der Patient unmündig oder entmündigt, so darf die Behandlung nicht gegen den Willen der Eltern oder des Vormundes eingeschränkt oder abgebrochen werden" (Heine 1991, S. 605).

Die Abgrenzung zur passiven Sterbehilfe ist juristisch in der Schweiz nicht abschließend geklärt. Teilweise wird nach der Handlung selbst entschieden, ob es als aktives Tun oder als Unterlassen vorliegt, teilweise wird nach den Motiven des Handelnden entschieden (Heine 1991, S. 595).

Indirekte Sterbehilfe wird überwiegend für zulässig erachtet. (Heine 1991, S.596 und v. Kühlmann 1995, S. 46) 1994 wurde vom Nationalrat Ruffy eine Motion eingereicht, die aktive Sterbehilfe zu erlauben und eine entsprechende Änderung im Strafgesetzbuch vorzunehmen.

Drei Jahre später wurde vom eidgenössischen Justiz- und Polizeidepartment (EJPD) eine Arbeitsgruppe „Sterbehilfe" eingerichtet, die im März 1999 einen Bericht zur Lage vorlegte. Mehrheitlich vertrat die Arbeitsgruppe die Ansicht, daß durch eine Änderung des Artikels 144, Absatz 2 „Tötung auf Verlangen" den seltenen Fällen unheilbar Kranker, die unerträglich an ihrer Krankheit leiden und um Sterbehilfe bitten, Rechnung getragen werden solle im Sinne eine ausnahmsweisen Straflosigkeit (Mitleidtötung in auswegloser Lage).

Die Arbeitsgruppe hält sonst am strikten Verbot aktiver Sterbehilfe fest und schlägt zudem vor, daß der Gesetzgeber die Zulässigkeit indirekter und passiver Sterbehilfe ebenfalls ins Strafgesetzbuch aufnehmen solle.

Die Empfehlungen der Arbeitsgruppe „Sterbehilfe..." (1999) sind im Wortlaut wiedergegeben:

- „Die Arbeitsgruppe ist der einhelligen Überzeugung, daß die *Palliativmedizin und -pflege*, die darauf abzielen, Schmerzen und Leiden zu lindern oder gar zu beheben, gefördert werden müssen.
- Die Arbeitsgruppe empfiehlt dem EJPD einstimmig, die *passive und die indirekte aktive Sterbehilfe* ausdrücklich zu regeln, enthält sich aber eines ausformulierten Vorschlags.
- Die Mehrheit der Arbeitsgruppe empfiehlt zudem, Artikel 114 StGB (Tötung auf Verlangen) um einen Absatz 2 zu erweitern, wonach in extremen Ausnahmefällen von *einem Strafverfahren oder einer Bestrafung abgesehen werden muß*.
- Die Minderheit der Arbeitsgruppe empfiehlt dagegen, auf *jegliche Lockerung des Fremdtötungsverbots*, namentlich im Rahmen von Artikel 114 StGB (Tötung auf Verlangen), zu verzichten."

Der Bundesrat lehnt es bislang ab, eine gesetzliche Regelung im Sinne der Motion von Ruffy zu schaffen. Nach Informationen des Eidgenössischen Justiz- und Polizeidepartments wird jedoch im Juli 2001 die Motion vor dem Parlament verhandelt.

2.3.1.9 Österreich

In Österreich werden Sterbehilfefälle ebenso wie bei allen anderen bereits genannten Ländern nach dem Strafgesetzbuch abgehandelt. Bei der Untersuchung dieser Fragen muß man sich den in Österreich abweichenden Gebrauch der Begriffe vergegenwärtigen. In Österreich gilt als „echte Sterbehilfe", wenn ein Arzt einen im Sterben liegenden Patienten medikamentös und menschlich so begleitet, daß er keinen Leidensdruck hat, das Sterben aber nicht abgekürzt wird. „Unechte Sterbehilfe" ist das, was sonst unter aktiver Euthanasie verstanden wird; in Österreich wird noch zwischen aktiver direkter und aktiver indirekter Sterbehilfe unterschieden (vgl. Kap. 2.5).

Die wichtigen Paragraphen sind in Österreich §75 StGB für Mord , §77 StGB der privilegierte Tatbestand Tötung auf Verlangen und §78 StGB für die Mitwirkung am Suizid.

Beim Tatbestand einer Tötung aus Mitleid wurde bislang von der Einsetzung eines Milderungsparagraphen abgesehen, wie er in anderen Ländern teilweise vorhanden ist. Es bleiben für die aktive direkte Sterbehilfe nur die Milderungsgründe offen, die bei Vorliegen eines Mordes angewendet werden können (v. Kühlmann 1990, S. 46).

Die passive Sterbehilfe fällt ebenso unter den Tatbestand eines Tötungsdeliktes, „wenn der Betreffende zur Lebenserhaltung verpflichtet ist, was besonders für den behandelnden Arzt zutrifft" (v. Kühlmann 1995, S. 46). Aber die Rechtspflicht zur Lebenserhaltung erlischt, wenn der Sterbeprozeß irreversibel ist. „Die apparativtechnische oder medikamentöse Möglichkeit, das Leben eines Sterbenden zu verlängern, begründet in der Regel keine Rechtspflicht, dies auch zu tun" (v. Kühlmann 1995, S. 47).

Die bereits erwähnte aktive indirekte Sterbehilfe wird in der Regel wegen der „Sozialadäquanz" der Maßnahmen, wie Dearing und Schwarz 1991 formulierten, nicht strafrechtlich verfolgt. Der Suizid ist im österreichischen Recht zwar rechtswidrig, aber tatbestandslos. „Da das menschliche Leben um der Allgemeinheit willen geschützt sei, habe der einzelne keine Erlaubnis, aus dem Leben zu scheiden, vielmehr treffe ihn gegenüber der Rechtsgemeinschaft eine Rechtspflicht zum Weiterleben" (Dearing und Schwarz 1991, S. 562). Dementsprechend ist auch der Arzt gegen den Willen des Suizidenten zur Lebenserhaltung verpflichtet. Seit einigen Jahren wird jedoch zunehmend diskutiert, ob dies auch zutreffe, wenn der Suizident bei vollem Bewußtsein seinen Sterbewillen deutlich mache“ (Dearing und Schwarz 1991, S. 562).

2.3.2 Zusammenfassung

Anhand von Tabelle 1 sollen hier noch einmal die Unterschiede in der Gesetzgebung und Rechtsprechung der oben besprochenen Länder und vorgreifend für Deutschland und die Niederlande übersichtlich dargestellt werden.

Bis auf die Niederlande gibt es in keinem der untersuchten europäischen Länder eine eigenständige Gesetzgebung für Sterbehilfefälle. Da eine eindeutige Rechtsgrundlage fehlt, müssen Fälle von Sterbehilfe und Beihilfe zum Suizid im Rahmen der Kapitalverbrechen Mord und Totschlag verhandelt werden. Dabei wird die teilweise rigide Formulierung der Gesetze wie in Frankreich und England durch die Rechtsprechung oder durch Anwendung von Strafmilderungsparagraphen wie in Skandinavien entschärft.

Durch den Versuch einer Zuordnung der Tatbestände entsteht eine verständliche Tendenz, Euthanasie und Beihilfe zum Suizid zu vermischen (vgl. hierzu auch Kap. 2.5.5).

Die Tendenz der letzten vier Jahre geht jedoch in Frankreich, Belgien und der Schweiz dahin, in besonderen Fällen Tötung auf Verlangen und ärztlich assistierten Suizid straffrei zu lassen und dies auch im Strafgesetzbuch zu verankern. Deutschland und England halten bislang an der rigorosen Ablehnung der Sterbehilfe und des ärztlich assistierten Suizids fest.

	gesetzliche Regelung zur			
	Tötung auf Verlangen	aktiven Sterbehilfe	passiven Sterbehilfe	Beihilfe zum Suizid
Norwegen	Tötung mit Einwilligung (§ 235 norwStGB)	nein gilt als Tötungsdelikt (§ 233 norwStGB)	nein	strafbar (vgl. § 233)
Schweden	nein	nein gilt als Mord o. Totschlag (Kap. 3, §§ 1,2)	nein	nein
Dänemark	ja (§ 239 dänStGB)	nein gilt als Totschlag (§ 237 StGB)	nein	strafbar
Italien	Tötung mit Einwilligung (Art. 50 C.p.)	nein gilt als vorsätzliche Tötung (Art.575 C.p.)	nein	strafbar
Frankreich	nein	nein gilt als Mord o. Totschlag (Art. 295 u. 296 C.p.)	nein	straflos
Großbritannien	nein	nein gilt als Mord	?	England:strafbar Schottland:straffrei
Niederlande	ja (Art. 293 StGB, Abs.1):für Laien strafbar; Abs.2: für Ärzte unter Beachtung des Gesetzes zur Kontrolle der Lebensbeendigung nicht strafbar	ja Gesetz zur Kontrolle der Lebensbeendigung auf Verlangen und der Hilfe bei der Selbsttötung (auch StGB Art. 293,2)	nein	ja Art. 294 Abs. 1 und 2: strafbar für Laien;nicht strafbar für Ärzte unter Beachtung des Gesetzes zur Kontrolle der Lebensbeendigung
Schweiz	ja (Art. 114 schwStGB)	nein gilt als vorsätzliche Tötung (Art.111 schwStGB)	nein	strafbar
Österreich	ja (Art. 77 östStGB)	nein gilt als Mord oder Totschlag (Art. 75 u. 76 östStGB)	nein	strafbar
Belgien	nein	nein gilt als Mord oder Tötung (C.p. Art 393 u. 394)	nein	nein: Suizid und Beihilfe sind nicht strafbar
Deutschland	ja (§ 216 StGB)	nein, gilt als Mord oder Totschlag (§§ 221 u. 212)	nein	Suizid kein juristischer Tatbestand, daher Beihilfe straflos

Strafmilderung bei Tötung	Reformgesetze vorhanden	Reformgesetze ratifiziert	
ja (vgl. § 235)	?	?	Norwegen
ja starkes menschliches Mitgefühl	ja Sachverständigen-kommission 1988	?	Schweden
ja starke Gemütsbewegungen (§ 85)	ja Arbeitsgruppe 1989	?	Dänemark
ja Gründe besonderen sittlichen und sozialen Wertes (Art. 62)	ja Fortuna 1984, Donno 1986	nein	Italien
nein	ja 1997 „le droit de mourir dans la dignite"	nein	Frankreich
ja verminderte Zurech-nungsfähigkeit (nicht bei Ärzten)	ja Voluntary Euthanasia Bill 1993;Doctor Assisted Dying Bill 1997	nein	Großbritannien
ja bei Übermacht	ja Vessel/Tuinstra 1984, Modifikation des Gesetzes über das Leichen- und Bestattungswesen 1994	ja Gesetz zur Kontrolle der Lebensbeendigung auf Verlangen und der Hilfe zur Selbsttötung; Änderung des Strafgesetzbuches (Art. 293 u. 294); April 2001	Niederlande
ja, achtenswerte Beweggründe, schwere Bedrängnis (Art. 64)	Bericht der Arbeitsgruppe „Sterbehilfe" 1999	Gesetzentwurf wird für Juli 2001 erwartet	Schweiz
ja Sozialadäquanz	ja 1956 Gesetzentwurf, Tötung aus Mitleid zu privilegieren	1961 Zurücknahme der Reform	Österreich
ja moralischer Zwang, unwiderstehbarer Drang	1997 Stellungnahme der „Konsultativkommission für Bioethik": Aktive Sterbehilfe soll zulässig werden	Reform wird z. Z. im Parlament diskutiert	Belgien
nein	ja Alternativentwurf Sterbehilfe 1986	nein	Deutschland

2.4 Historische Analyse

Ziel diese Kapitels ist nicht, einen ausführlichen Überblick über die Geschichte der Euthanasie in Europa zu geben, sondern drei Betrachtungsweisen herauszuarbeiten, die die Art und den Umfang des heutigen Umgangs mit dem Thema deutlicher machen.

- Der individuelle Umgang mit dem guten Tod
- Die gesellschaftliche Verantwortung für einen guten Tod
- Das Problem Sterbende / Nicht-Sterbende aus historischer Perspektive.

In der Literatur über die Geschichte zur Euthanasie werden diese Punkte in aller Regel nicht als Strukturmerkmale berücksichtigt, sondern es findet in buntem Durcheinander eine Aneinanderreihung von literarischen und historischen Quellen statt, deren einziges Ordnungsmerkmal die zeitliche Aufeinanderfolge ist. (v. Engelhardt 1993, Benzenhöfer 1999)

Anhand von zwei literarisch gut belegten Lebens- und Sterbeverläufen aus der Antike - Sokrates und Seneca - soll aufgezeigt werden, daß eine mögliche Betrachtungsweise von Euthanasie die des subjektiv erlebten guten Todes ist. Dabei haben die Autoren der Ereignisse, Platon und Tacitus, großen Wert auf die Darstellung einer konsequenten und stimmigen Lebensführung gelegt. Das Sterben beider Philosophen war nicht leicht und stimmt durchaus nicht mit unserer Idealvorstellung heute überein, im hohen Alter zu Hause friedlich einzuschlafen.

Im dritten Abschnitt der vorliegenden Arbeit wird anhand einiger zeitgenössischer Fallspiele von Sterbeverläufen im Krankenhaus deutlich, daß ein Einschlafen im häuslichen Bett auch heute eher die Seltenheit ist und trotzdem nicht der Anspruch auf einen subjektiv erlebten guten Tod, auf „Euthanasie“, aufgegeben werden muß, auch nicht auf den ärztlichen Beistand beim Sterben, der „Sterbehilfe“.

Menschen leben nicht allein, sondern in aller Regel in Gemeinschaft. Inwieweit diese Gemeinschaft Verantwortung für die Möglichkeit eines guten Todes trägt, hängt sehr von der jeweiligen Kultur, dem Menschenbild und der Form politischer Herrschaft ab, die in einem Lande ausgeübt wird. Vorgestellt werden hier die Staatsentwürfe von Platon und Morus. Platon wird in den landläufigen medizinhistorischen Darstellungen nachgesagt, er habe über Euthanasie geschrieben. Es wird hier gezeigt, daß dies eine unzutreffende Interpretation der platonischen Gedanken ist.

Morus argumentiert in seiner „Utopia“ im modernen Sinne für die gesellschaftliche und religiöse Tolerierung von aktiver Sterbehilfe.

Drittens sollen im letzten Abschnitt des historischen Exkurses die argumentativen Grundlagen des Umgangs der Nationalsozialisten mit „Euthanasie“ in Deutschland während des zweiten Weltkrieges vorgestellt werden. Es wird dabei deutlich, warum es bei den Morden an Tausenden von kranken und behinderten Menschen zu einer begrifflichen Nähe zur „Euthanasie“ kommen konnte. Auch heute noch wird das Wort „Euthanasie“ in den deutschsprachigen Ländern Europas wegen der Assoziation der nationalsozialistischen Morde gemieden.

2.4.1 Der individuelle Umgang mit dem guten Tod: SOKRATES und SENECA minor

Der griechische Philosoph Sokrates wurde ungefähr 470 v. Chr. in Athen geboren, lebte und wirkte bis zu seinem Tode 399 v. Chr. in seiner Heimatstadt. Als primäre Zeugnisse über Sokrates gelten die Schriften des Ion von Chios, die Anklageschrift gegen Sokrates bei Xenophon (Mem. 1,1,1) und Bemerkungen bei Diogenes Laertios. Literarische Hinweise zu Leben und Wirken des Sokrates sind von Aristophanes überliefert („Die Wolken“), aus den frühen Schriften Platons, aus den Memorabilien des Xenophon und in den doxographischen Bemerkungen des Aristoteles (Flashar 1998, S. 143).

Während des peloponnesischen Krieges zeichnete sich Sokrates mehrfach durch besondere Tapferkeit aus. Unter dem Tyrannenregime 404/403 erhob er Widerspruch gegen einige Maßnahmen (Hügli et Lübcke 1991, S. 355; Flashar 1998, S. 144).

Nach der Wiederherstellung demokratischer Verhältnisse in Athen wurde er von drei Mitbürgern vor dem Gerichtshof angeklagt. Über die Hintergründe dieser Anklage ist bis heute noch keine befriedigende Erklärung gefunden worden. Die Anklageschrift lautete:

„Diese Anklage hat eingebracht und als wahr beschworen Meletos, der Sohn des Meletos, aus dem Demos Pitthos, gegen Sokrates, den Sohn des Sophroniskos, aus dem Demos Alopeke: Sokrates tut Unrecht, indem er nicht an die Götter glaubt, an die die Stadt glaubt, sondern andere, neue dämonische Wesen einführt; außerdem tut er Unrecht, indem er die Jugend verdirbt. Als Strafe wird der Tod beantragt“ (Diog. Laert. 2,4 in Flashar 1998, S. 152).
In einer langen und kühnen Rede widerlegte Sokrates die Anklagepunkte und begründete seine Lebenshaltung und sein Wirken:

„Wohin jemand sich selbst stellt in der Meinung, es sei da am besten, oder wohin er von seinen Oberen gestellt wird, da muß er, wie mich dünkt, jede Gefahr

aushalten und weder den Tod noch sonst irgend etwas in Anschlag bringen gegen die Schande." (Platon 1990a, 28d)

Weiter berichtete Sokrates von einer Eingebung, die er von seinem persönlichen Daimonion bekommen habe, ein Leben des Fragens, Suchens und Widerstehens zu führen. Sokrates beharrte darauf, daß seine Lebensführung nichts mit den Anklagepunkten zu tun habe und sah sein Wirken positiv für seine Heimatstadt. Der athenische Gerichtshof verurteilte ihn dennoch 399. v. Chr. zum Tode durch den Schierlingsbecher. Vor Eintreffen des Schiffes aus Delos durften jedoch aus religiösen Gründen keine Todesurteile vollstreckt werden, so daß Sokrates noch einige Zeit im Gefängnis saß. Während dieser Zeit versuchten seine Schüler natürlich, ihm zur Flucht zu verhelfen, doch er lehnte ab. Zum einen sagte er, wäre es merkwürdig, „mich in solchem Alter unwillig darüber zu gebärden, wenn ich endlich sterben muß" (Platon 1990 b, 43b) zum anderen stünde er als jemand da, der bisher von ihm anerkannte Gesetze übertritt:

„...wenn du jetzt hingehst, so gehst du hin als einer, der Unrecht erlitten hat, nicht zwar von uns Gesetzen, sondern von Menschen. Entfliehst du aber, so schmählich Unrecht und Böses mit gleichem vergeltend, Deine eigenen Versprechen und Verträge mit uns verletzend und allen denen Übles zufügend, denen du es am wenigsten solltest, dir selbst nämlich, deinen Freunden, dem Vaterlande und uns, so werden nicht nur wir auf dich zürnen, solange du lebst, sondern auch unsere Brüder, die Gesetze der Unterwelt, werden dich nicht freundlich aufnehmen, wenn sie wissen, daß du auch uns zugrunde zu richten versucht hast ..." (Platon 1990 b, 54c)

Die Flucht aus seiner Heimat wäre gleichbedeutend mit Verrat und Aufgabe seiner bisherigen Lebensführung und der Verneinung aller ihm bisher wichtigen Werte, so argumentiert Sokrates, daher könne er nicht fliehen, jetzt da sich die Auslegung der Gesetze gegen ihn wendet. Als das Schiff aus Delos eintraf, versammelten sich Sokrates' Schüler im Gefängnis um ihn, um Abschied zu nehmen. Platon beschreibt im Dialog „Phaidon" dieses letzte Gespräch mit Sokrates, in dem er philosophisch begründet, warum Menschen keine Angst vor dem Tod haben müssen. Vom Tode sei noch niemand wiedergekehrt, die Menschen könnten nicht wissen, ob der Tod etwas Schlechtes sei, und nur etwas Schlechtes müsse man fürchten. Das andere, weit schwerwiegendere Argument für Sokrates ist jedoch: *„...diejenigen, die sich auf rechte Art mit der Philosophie befassen, mögen wohl, ohne daß es freilich die anderen merken, nach gar nichts anderem streben als sterben und tot zu sein" (Platon 1990 c, 64a).*

Dahinter steht die Vorstellung, daß im Tod die Seele vom Körper getrennt wird. Körperliche Bedürfnisse hindern einen nach Erkenntnis strebenden Menschen an der vollkommenen Erkenntnis. Insofern ist für einen Philosophen der Tod die

Vollendung der Erkenntnis und damit ein anzustrebender Zustand oder doch zumindest einer, den man nicht fürchten oder fliehen muß, wenn er denn kommt (Platon 1990 c, 64a-67b). An jenem Tage des Jahres 399 forderte Sokrates schon vor Sonnenuntergang, daß ihm der Giftbecher gebracht werden solle. Platon beschreibt die letzten Minuten:

„Damit reichte er dem Sokrates den Becher, und dieser nahm ihn ganz getrost, ... ohne im mindesten zu zittern oder Farbe oder Gesichtszüge zu verändern ... Und wie er dies gesagt hatte, setzte er an, und ganz frisch und unverdrossen trank er aus" (Platon 1990 c, 117b-c).

Als viele seiner Schüler daraufhin in Tränen ausbrachen sagte er:

„Was macht ihr doch, ihr wunderbaren Leute! ... Ich habe immer gehört, man müsse stille sein, wenn einer stirbt. Also haltet euch ruhig und wacker ... er aber ging ruhig umher, und als er merkte, daß ihm die Schenkel schwer wurden, legte er sich gerade hin auf den Rücken ... Als ihm nun schon der Unterleib fast ganz kalt war, da enthüllte er sich, denn er lag verhüllt, und sagte, und das waren seine letzten Worte: `O Kriton, wir sind dem Asklepios einen Hahn schuldig, entrichtet ihm den und versäumt es ja nicht.` - `Das soll geschehen`, sagte Kriton, sieh aber zu, ob du sonst noch etwas zu sagen hast. Als Kriton dies fragte, antwortete er aber nichts mehr, sondern bald darauf zuckte er, und der Mensch deckte ihn auf; da waren seine Augen gebrochen" (Platon 1990 c 117e-118a).

Ein Problem von Geschichtsschreibung ist immer der Wahrheitsgehalt einer Quelle.
Die Historiker gehen davon aus, daß Platon die drei Dialoge „Apologia Sokratous", „Kriton" und „Phaidon", die vom Prozeß und dem Sterben des Sokrates handeln, einige Jahre nach dessen Tode 399 verfaßt hat. Platon war einige Jahre Schüler von Sokrates. Er war beim Tod des Sokrates selbst nicht anwesend, sondern ließ sich später davon berichten. Genau so ist der „Phaidon" auch aufgebaut. Ein Schüler von Sokrates, der beim Tod nicht anwesend war, fragt einen, der dabei war: Wie ist es vor sich gegangen? Platon stellt uns seinen Lehrer als einen unerschrockenen Mann vor, der auch in Todesgefahr nicht von seiner Lebenshaltung abrückt.

Der „Phaidon" ist ein philosophisch beeindruckendes Gespräch über das Sterben und das Nachdenken über den Tod im Griechenland des 4. Jahrhunderts. Vermutlich ist die Denkweise jedoch nicht allzuweit verbreitet gewesen, denn sonst wäre Sokrates von seinen Zeitgenossen besser verstanden worden. Wie es schien, hatten diese jedoch mehr Angst als alles andere vor ihm und haben diese Angst besiegt, indem sie ihn zum Tode verurteilten. In einigen Interpretationen wird heute von Justizmord gesprochen.

Sokrates selbst hat es auch schon so angesehen, weil er sagt, daß nicht die Gesetze, die ewig unveränderlichen und guten, ihm Schaden zufügen, sondern die Menschen, die sie interpretieren.

In den Tagen des Prozesses, des Gefängnisaufenthaltes und Todes gewinnt man den Eindruck einer inneren Gelassenheit des Sokrates. Sein Leben hat er so gelebt, wie er es wollte, bzw. wie sein Daimonion ihn geleitet hat, und er ist diesem Leben in dieser Stadt mit allen Vor- und Nachteilen, auch mit dem Tod vor Augen, treu geblieben. Man kann es im modernen Sinne als ein bewußtes Leben und Sterben bezeichnen. Beides geht ineinander über. Hier vollendet ein guter Tod ein gutes Leben.

Vermutlich im Jahre 4 n. Chr. wurde Lucius Annaeus Seneca d.J. im spanischen Cordoba als mittlerer von drei Söhnen des Lucius Annaeus Seneca d.Ä. geboren. Der Vater, Eques und Rhetor, sorgte für eine gründliche Ausbildung des Sohnes. In Rom begann dieser als Quästor eine Beamtenkarriere und erlangte bereits unter Kaiser Caligula eine führende Stellung in Roms intellektuellen Kreisen (Loretto 1977, S. 76-83).

Nach der Ermordung Caligulas wurde sein Onkel Claudius Kaiser, dessen dritte Ehefrau Messalina den Seneca des Ehebruchs mit einer ihrer Verwandten bezichtigte und für seine Verbannung nach Korsika sorgte.

Claudius heiratete in vierter Ehe die Tochter des Germanicus, Agrippina minor, die ihn jedoch 54 n. Chr. vergiften ließ, um den Platz für ihren Sohn Nero freizumachen. Bereits 49 n. Chr. hatte sie sich für die Rückberufung Senecas aus Korsika eingesetzt und betraute ihn ab 54 n. Chr. zusammen mit dem Prätorianerpräfekten Burrus mit der Aufgabe, Nero in Regierungsangelegenheiten zu beraten (Wells 1985, S. 137-139).

Bis 59 n. Chr. hielt die Phase einer relativ stabilen Herrschaft an, in der Burrus und Seneca die Staatsgeschäfte leiteten. Im gleichen Jahr verliebte sich Nero in eine bereits verheiratete Frau, Sabina Poppäa, verstieß seine Ehefrau Octavia und die Mutter Agrippina und ließ beide schließlich ermorden. 62 n. Chr. starb Burrus, Seneca fiel in Ungnade und zog sich auf seine Güter zurück (Wells 1985, S. 139, Philp 1997).

In dieser Zeit entstanden die auf zwanzig Bücher verteilten 124 Briefe an Lucilius über Ethik. Das Todesmotiv hat in Senecas gesamter Philosophie eine zentrale Rolle. Der erste Brief an Lucilius beginnt folgendermaßen:

„Handle so, mein lieber Lucilius: Befreie Dich für Dich selbst und sammle und bewahre die Zeit, die Dir bisher entweder geraubt oder heimlich entwendet

wurde oder entschlüpfte. Überzeuge Dich, daß es so ist, wie ich schreibe: manche Augenblicke werden uns entrissen, manche entzogen, manche verrinnen. Der beschämendste Verlust jedoch ist der, der durch Nachlässigkeit verursacht wird. Und wenn Du aufmerken willst: ein großer Teil des Lebens entgleitet den Menschen, wenn sie Schlechtes tun, der größte, wenn sie nichts tun, das ganze Leben, wenn sie Nebensächliches tun. Wen kannst Du mir nennen, der irgendeinen Wert der Zeit beimißt, der den Tag würdigt, der sich bewußt wird, daß er täglich stirbt. Darin nämlich täuschen wir uns, daß wir den Tod vor uns sehen: ein großer Teil davon ist bereits vorüber; jeden Lebensabschnitt, der hinter uns liegt, hat der Tod in seiner Gewalt. Handle daher Lucilius, ... halte alle Stunden fest; so wird es geschehen, daß Du weniger vom morgigen Tag abhängig bist" (Seneca 1977, S. 5).

Seneca lebte in politisch unruhigen Zeiten. Mit Augustus' Tod begannen Erbfolgestreitigkeiten innerhalb der julisch-claudischen Dynastie. Selbst 100 Jahre nach dem Ende der Republik war kein Friede eingekehrt.

Bei einem Wechsel des Herrschers wurden häufig die Günstlinge oder politischen Berater ermordet, verbannt und ihres Besitzes beraubt. Der befohlene Suizid war eine gängige Methode, politisch nicht mehr erwünschte Personen zu beseitigen. Der Tod muß je nach politischer Lage für jeden damals in der Politik Handelnden stets gegenwärtig gewesen sein. Seneca war einmal verbannt worden und kehrte als Neros Berater von der Kaiserinmutter gerufen nach Rom zurück. Fünf Jahre lang hatte er eine der bedeutendsten und machtvollsten Positionen des römischen Reiches inne, auch wenn Tacitus dies nicht deutlich werden läßt (Henry et Walker 1963).

Seneca hat sich mit dem Suizid in seinen unterschiedlichen Formen sehr ausführlich beschäftigt. Im 70. Brief an Lucilius schreibt er:

„Deshalb wird der Weise leben solange er muß, nicht solange er kann. Er wird sehen, wo er leben wird, mit wem, auf welche Weise und was er tun wird. Er bedenkt immer, wie beschaffen das Leben ist, nicht wie lang es ist. Wenn [ihm] vieles begegnet, was beschwerlich ist und die Ruhe stört, entläßt er sich; und das tut er nicht nur in äußerster Notlage, sondern sobald ihm sein Schicksal verdächtig zu sein beginnt, schaut er sich sorgfältig um, ob er etwa an dieser Stelle aufhören muß...
Früher zu sterben oder später bedeutet nichts, gut zu sterben oder schlecht, bedeutet etwas; gut zu sterben heißt aber, der Gefahr zu entgehen, schlecht zu leben" (Seneca 1991, S. 7).

Nach dem Brand Roms im Jahre 64 n. Chr. bezichtigte Nero Seneca, an der Pisonischen Verschwörung teilgenommen zu haben. Piso selbst, so berichtet Tacitus in den Annalen, sei der Verhaftung und Verurteilung durch Suizid zuvorgekommen.

Als zweiter wurde der Konsul Plautius Lateranus *„an den Platz geschleppt, der sonst nur der Hinrichtung von Sklaven bestimmt ist, und von dem Tribun Statius erstochen ... Sodann wurde Annaeus Seneca ermordet ..., nicht weil seine Teilnahme an der Verschwörung erwiesen gewesen wäre, sondern weil er [Nero] nun mit dem Schwerte zustande bringen konnte, was er durch Gift nicht erreicht hatte" (Tacitus, S. 259).*

Dafür ließ Nero Senecas Landsitz abriegeln und unterstellte ihm die Teilnahme an der Verschwörung. Seneca stritt dies ab, ließ keinerlei Furcht oder Niedergeschlagenheit über die sich zuspitzende Situation erkennen. Der Militärtribun, der ihm Neros Verdacht mitgeteilt hatte, ritt nach Rom zurück, erstattete dem Kaiser Bericht. Der schickte seinen Tribun wieder zu Seneca zurück: *„Also mußte er umkehren und ihm den Tod anbefehlen" (Tacitus, S. 260).*

Seneca verlangte nach dieser Nachricht sein Testament. Die Soldaten verweigerten ihm dies, woraufhin er sagte:

„da man ihm die Möglichkeit nehme, sich für ... Freundschaftsbeweise dankbar zu erweisen, könne er ihnen nur noch eines hinterlassen, allerdings das wertvollste, was er besitze: das Vorbild seines Lebens. Wenn sie das in ihrer Erinnerung behielten, würden sie reichen Lohn für ihre treue Anhänglichkeit ernten; es werde von ihnen heißen, daß sie die wahre Tugend besäßen" (Tacitus, S. 260f).

Er erinnerte an die Grundsätze der stoischen Philosophie als feste Haltung im Unglück und mahnte: *„Wer habe denn nicht gewußt, daß Nero grausam sei? Nachdem dieser seine Mutter, seinen Bruder umgebracht habe, bliebe ihm ja nichts weiter übrig, als auch noch seinen Erzieher und Lehrer zu morden." (Tacitus, S. 261)*

Weiter berichtet Tacitus:

„Dann umarmte er seine Gattin, und wurde hierbei angesichts dieser schicksalsschweren Stunde etwas weicher. Er bat sie inständig, sich in ihrem Schmerz zu mäßigen und sich demselben nicht auf Dauer hinzugeben...Paulina aber entgegnete, daß damit auch ihr Tod bestimmt sei, und verlangte, jemand solle sie erstechen... Danach öffneten sie sich die Pulsadern gleichzeitig. Weil nun aus dem Körper des alten und schlecht genährten Seneca das Blut nur langsam her-

ausfloß, öffnete er sich auch die Adern an Beinen und Kniekehlen" (Tacitus 1960, S. 261).

Der Suizid von Paulina wurde durch die Soldaten des Kaisers und die anwesenden Freunde verhindert.

„Indessen zog sich Senecas Tod weiter hin und wollte noch immer nicht eintreten. Da bat er Statius Annaeus, der sich ihm schon durch viele Jahre als treuer Freund und tüchtiger Arzt bewährt hatte, ihm das längst bereitgehaltene Gift zu reichen... Er nahm es, trank es aus, doch ohne Erfolg; denn seine Glieder waren schon erkaltet und darum gegen die Wirkung des Giftes unempfänglich. Endlich stieg er in eine Wanne mit warmem Wasser; die ihm zunächst stehenden Sklaven besprengte er mit den Worten, diese Flüssigkeit weihe er dem Befreier Jupiter. Darauf wurde er in ein Dampfbad getragen, wo er im Dampf erstickte" (Tacitus 1960, S. 262).

Dieses sich lange hinziehende Sterben verdient ein genaues Hinsehen. Im 70. Brief an Lucilius nahm Seneca die eigene Sterbeszene gedanklich vorweg:

„Dennoch wird der Weise manchmal, auch wenn ein sicherer Tod bevorsteht und er weiß, daß die Hinrichtung für ihn schon festgesetzt ist, seine Hand nicht für die eigene Bestrafung zur Verfügung stellen: er würde sich selbst zur Hand gehen. Dummheit ist es, aus Furcht vor dem Tod zu sterben: der, der einen töten soll, kommt; erwarte ihn! Warum greifst Du ihm vor? Warum übernimmst Du die Ausführung der Grausamkeit anderer? Bist Du auf Deinen Henker neidisch oder nimmst Du Rücksicht auf ihn?" (Seneca 1991, S. 8f).

Seneca differenziert die Problematik noch weiter:

„Deshalb könnte man darüber kein allgemeingültiges Urteil abgeben, ob man, wenn eine von außen kommende Gewalt den Tod androht, ihm zuvorkommen oder ihn erwarten soll; es gibt nämlich vieles, was für eine von beiden Entscheidungen sprechen kann. Wenn der eine Tod mit Folter (verbunden), der andere einfach und leicht ist, warum soll man sich nicht des letzteren bemächtigen? So wie ich ein Schiff auswähle, um damit zu reisen, und ein Haus, um darin zu wohnen, so werde ich den Tod auswählen, wenn ich aus dem Leben scheiden will. Außerdem: wie ein längeres Leben nicht unter allen Umständen besser ist, so ist ein längerer Tod unter allen Umständen schlechter. Bei nichts müssen wir unserer eigenen Gesinnung mehr folgen als beim Tod. Man soll aus dem Leben scheiden, so wie man den raschen Entschluß gefaßt hat ... Sein Leben muß jeder vor anderen rechtfertigen, seinen Tod nur vor sich selbst: am besten ist der, der einem zusagt" (Seneca 1991, S. 10f).

Sein Tod erfolgt so, wie er philosophiert hat: Er greift dem Henker nicht vor, sondern zwingt seinen ehemaligen Zögling, sich zu äußern, ihm den Tod zu befehlen und sich damit offen gegen ihn zu stellen. Er regelt seine letzten Dinge und stirbt im gegebenen Rahmen selbstbestimmt (vgl. Dürr 1940).

Auch hier muß man die Quellenlage berücksichtigen: der Verlauf des Sterbens ist von Tacitus überliefert worden, es ist keine exakte Dokumentation, wenn auch der Sterbevorgang selbst fast in journalistischer Genauigkeit geschildert wird.

Gärtner schreibt: *„Seneca muß dann ... in das Dampfbad ... getragen werden und erstickt dort. Er stirbt somit einen unheroischen Tod...Das ist in dem von Tacitus realistisch geschilderten Ablauf kein inszenierter Philosophen-Tod - die Sokrates-Imitation ist ja gescheitert -, wohl aber ein mit philosophischer Gelassenheit ertragener Todeskampf" (Gärtner 1996, S. 155).*

Die uns grauenhaft erscheinenden Umstände des Sterbens des Seneca sollten nicht von den philosophischen Überlegungen ablenken, die Seneca dem Suizid und dem Zusammenhang zum voraufgegangenen Leben gewidmet hat. Auch an dieser Stelle sollte noch einmal betont werden, daß Sterben heute trotz bester medizinischer und menschlicher Versorgung unter schrecklichen Bedingungen verlaufen kann. Dennoch kann sich dabei angesichts eines geschlossenen Lebens und eines Beistandes bis zum Ende ein Euthanatos vollziehen. Insofern ist auch der Tod des Seneca ein Euthanatos gewesen.

Sokrates und Seneca sollten in ihrem Nachdenken über den Tod und in ihrem Sterben beispielhaft dafür herausgehoben werden, daß ein guter Tod auch ein „gutes" Leben voraussetzt und ein „guter Tod" nicht unbedingt bedeuten muß, im Greisenalter zu Hause im Bett zu sterben.

Gut kann hier allerdings nur bedeuten, daß während des Lebens eine Beschäftigung mit der eigenen Endlichkeit stattgefunden hat.

2.4 2 Die gesellschaftliche Verantwortung für einen guten Tod: Die Staatsentwürfe von PLATON und MORUS

In beiden Staatsentwürfen wird Stellung genommen zum Umgang mit Kranken, der Bedeutung von Krankheit und den Aufgaben der Ärzte. Platons Entwurf einer idealen Gesellschaft ist eine in sich geschlossene Kastengesellschaft. Die einzelnen Aufgaben, deren Erledigung Voraussetzung für ein funktionierendes Staatsgebilde ist, werden von einzelnen Bevölkerungsgruppen unveränderlich durchgeführt. Dies sind Ackerbau / Handwerk, Militär / Polizei und die Regierung. Oberstes Ziel ist dabei das Funktionieren des Staatsapparates und nicht das Wohlbefinden des individuellen Menschen. Platon ging allerdings davon aus, daß Menschen entsprechend ihrer angeborenen Bevölkerungszugehörigkeit auch unterschiedliche Grade von Glück und Wohlbefinden empfinden können. Insofern ist die individuelle Befindlichkeit nicht unwichtig, sondern je nach „Kastenzugehörigkeit“ gestaffelt.

Trotz der hier verwendeten modernen politischen Terminologie darf man m.E. nicht von einem totalitären Staat des 20. Jahrhunderts ausgehen. Platon entwarf seinen Staat an den Ideen, die er für eine Weltordnung hielt, die die gesamte Natur zusammenhielt.

Platon unterscheidet in seinem Staatsentwurf zwei Arten von Krankheiten: chronische und akute. Die chronisch kranken Menschen beschreibt er als *„innerlich durch und durch kranke Körper“ (Platon 1990 d, 407d).* Akute Erkrankungen lassen sich durch kurze ärztliche Interventionen heilen, ohne daß eine gesamte Lebensführung dadurch geändert werden muß (Platon 1990 d, 406 c) Menschen, die durch eine sorgfältige Lebensführung und Beachtung körperlicher Bedürfnisse ihr Leben verlängern, sind für ihn verachtenswert. Er berichtet von einem solchen Menschen, der so

„lebte..., ohne sich mit etwas anderem zu tun zu machen, immer an sich kurierend fort, elend, sobald er nur im mindesten von der gewohnten Lebensordnung abwich...“. Als Folge davon „brachte ihn seine Kunst in einem schweren Sterben bis zu einem hohen Alter“ (Platon 1990 d, 406 b).

Die Ärzte haben in Platons Staat daraus folgend nur die Aufgabe, bei Rehabilitationsfähigkeit akut zu intervenieren. Ein geschwächter kranker Körper hat nach Platons Philosophie seinen Ursprung in einer schlechten nicht mehr besserbaren Seele. Die für seinen Staatsentwurf rechte Heilkunde soll *„diejenigen unter den Bürgern, die gutgeartet sind an Leib und Seele pflegen..., die es aber nicht sind ... sterben lassen, die aber der Seele nach bösartig und unheilbar sind, selbst umbringen“ (Platon 1990 d, 410 a).*

So findet sich im Grunde einzig der Gegenstand der passiven Sterbehilfe in Platons Entwurf: bei bestimmten Bürgern soll im Krankheitsfalle Therapieverzicht geleistet werden. Allerdings nicht, weil dieser Mensch das wünscht, sondern im übergeordneten Interesse des Staates bzw. der Weltordnung.

Den letzten hier zitierten Nebensatz „die aber der Seele nach bösartig und unheilbar, selbst umbringen“, kann man schwerlich als irgend eine Form von Sterbehilfe bezeichnen. Es handelt sich um Tötung von Menschen im übergeordneten Interesse oder im Interesse Dritter und würde heute den Straftatbestand des Mordes oder Totschlags erfüllen.

Es fehlt hier völlig das Motiv des individuellen unerträglichen Leidens und der ernsthafte Wunsch, früher aus dem Leben zu gehen.

Man könnte die Argumentation konstruieren: Man verhilft durch Tötung eines in Platons Staat chronisch oder schwer Erkrankten diesem Erkrankten dadurch zu einem Euthanatos, indem man seinem „schlechten Tod" als alter und gebrechlicher Mensch vorgreift. Diese Argumentationsführung ist jedoch sehr zweifelhaft.

Warum Platons Ausführungen im „Staat" zu den Aufgaben der Ärzte in medizinhistorischen Darstellungen zur Entwicklung der Euthanasie immer wieder auftauchen, bleibt daher im Grunde rätselhaft.

Thomas Morus' Beschreibung von schweren Krankheitsverläufen und Entscheidungen am Lebensende auf der Insel Utopia ist konkreter und läßt sich besser mit der heutigen Terminologie fassen.

Ganz im Gegensatz zu Platons Entwurf pflegen die Bewohner Utopias alle ihre erkrankten Mitmenschen hingebungsvoll und tun alles zur Wiederherstellung von Gesundheit. Ist Sterben unabwendbar, so ist für die Utopier eine Sterbebegleitung selbstverständlich.

Bei einer qualvoll auf den Tod zugehenden Krankheit ermuntern Priester und Beamte des Staates den Kranken, vorher aus dem Leben zu scheiden. *„Wen sie damit überzeugt haben, der endigt sein Leben freiwillig durch Enthaltung von Nahrung oder wird eingeschläfert und findet Erlösung, ohne vom Tode etwas zu bemerken" (Morus 1960, S. 81).*

In Bezug auf schwere Krankheiten und einen gewünschten vorzeitigen Tod ist der Theologe und Politiker Morus, Weggefährte und zeitweilig Lordkanzler Heinrichs VIII., von erstaunlicher Modernität. Bei ihm finden sich Beschreibungen, die mit unseren heutigen Auffassungen von Medizin, Sterbebegleitung und Entscheidungen am Lebensende übereinstimmen. Bemerkenswert ist, daß dem Willen des Patienten eine entscheidende Bedeutung beigemessen wird. Allerdings muß sich der kranke Bewohner Utopias an seinem Krankenbett den Rat von Priestern und Beamten gefallen lassen, früher aus dem Leben zu scheiden, *„weil er den Anforderungen des Lebens nicht mehr gewachsen, den Mitmenschen zur Last..." sein Leben führe (Morus 1960, S. 81).*

Zwar viel abgeschwächter als bei Platon ist auch hier zu merken, daß die Gemeinschaft, in der ein Mensch lebt, Ansprüche an seine Leistungsfähigkeit und Gemeinschaftsfähigkeit hat, die ein auf den Tod Erkrankter nie mehr wird erfüllen können.

Dieses Motiv findet sich auch heute häufig als Gegenargument aktiver Sterbehilfe: kranke und alte Menschen könnten aus Angst davor, Sorge und Pflege in Anspruch zu nehmen, die sie nicht mehr zurückgegeben können, den Wunsch nach Sterbehilfe äußern.

2.4.3 Das Problem Sterbende / Nicht-Sterbende aus historischer Perspektive

Die vorangegangenen Überlegungen zu Platon und Morus haben deutlich werden lassen, daß ein guter Tod nicht nur ein individuelles Problem ist, sondern daß die Gesellschaft ihren Teil daran hat.

Die Positionen beider Autoren verdeutlichen auch, wie genau man hinsehen muß, um wen es dabei geht. Morus beschränkt seine Gedanken auf den individuellen todkranken Menschen, der überlegt und freiwillig um Erlösung von seiner Qual durch einen Dritten bittet.

Zwei Jahrtausende zuvor sollen die Ärzte in Platons idealem Staat Vollstrecker sein, wenn es um Menschen geht, die dem Staat nicht mehr nützlich sind. Platons transzendente Krankheitsdefinition ist dabei wichtig: Beginn, Dauer und Schwere einer Erkrankung hat bei ihm nicht nur etwas mit situativen Gegebenheiten zu tun, sondern damit, ob ein Mensch von seinem unveränderlichen Wesen her eine schlechte, verbesserbare oder gute Seele hat. Ziel ärztlichen Handelns ist nicht die Wiedererlangung individueller Heilung oder Lebensqualität, sondern das reibungslose Funktionieren des Staatsapparates, der wiederum die Gestalt gewordene Idee des Guten ist.

Wer kurzfristig und nicht zu schwer erkrankt und vor allem für das Staatsleben und Arbeiten rehabilitierbar ist, wird von den Ärzten bestens nach allen Regeln der Kunst behandelt, wer schwach ist oder chronisch krank, muß getötet werden. Dies ist Aufgabe der Ärzte.

In Platons Entwurf spielt die Unterscheidung Sterbende / Nicht-Sterbende keine Rolle. Wichtig ist allein das Wesen des betreffenden Menschen und seine Funktion im Ganzen. Es geht bei Platon nicht um individuelle Rechte, nicht um die Verfügbarkeit über sich selbst und den Respekt davor und damit geht es auch nicht um Sterbehilfe bzw. Euthanasie.

Zwei Professoren des 20. Jahrhunderts, der Strafrechtler Binding und der Psychiater Hoche, haben 1920 eine Schrift herausgegeben, die 1922 bereits in 2. Auflage erschien, in der ebenfalls die Unterscheidung Sterbende / Nicht-Sterbende nicht explizit gemacht wird. Bindings und Hoches Gedanken sind nicht neu, sie reichen bis weit ins 19. Jahrhundert zurück und sind nicht nur in Deutschland präsent gewesen. Die Schrift ist deshalb so wichtig, weil sie die ideologische Grundlage für die Morde an Geisteskranken und Behinderten in den 40er Jahren in Deutschland gebildet hat.

Im Folgenden sollen die Argumente Bindings und Hoches in „Die Freigabe der Vernichtung lebensunwerten Lebens" dargestellt und kritisch betrachtet werden. Das Buch ist in zwei Essays aufgeteilt, wobei Bindings juristische Ausführungen am Anfang stehen.

Binding geht von der Straflosigkeit des Suizides aus, da der moderne Mensch ein Verfügungsrecht über das eigene Leben habe, und bezieht die Tötung auf Verlangen in dieses Argument mit ein. Auch hier entscheidet ein geistig bewußter Mensch selbst über sein Lebensende, nur daß es hier von einem anderen herbeigeführt wird. Binding plädiert dafür, daß auch Tötung auf Verlangen, Euthanasie, von der Strafverfolgung ausgeschlossen werden sollte.

Nachdem er sich ausdrücklich gegen eine weitere Einschränkung des Tötungsverbotes ausgesprochen hat, fügt er in einem kleinen Absatz den Begriff des „lebensunwerten Lebens" wie selbstverständlich ein, ohne genauer darauf einzugehen.

Er unterteilt drei Gruppen von Kranken im Zusammenhang mit der Tötung auf Verlangen:

1. die durch Krankheit oder Trauma unrettbar Verlorenen
2. die unheilbar Blödsinnigen
3. die Komatösen.

Nur die erste Gruppe der „unrettbar Verlorenen" kommt für Binding für die Euthanasie, sprich Tötung auf Verlangen, in Frage. So jedenfalls formuliert er es zunächst.

In Bezug auf die zweite Gruppe der „unheilbar Blödsinnigen" drückt sich Binding kompliziert aus. Als Gründe, warum auch sie unter die Erweiterung des Tötungsverbotes fallen sollen, nennt er: *„Sie haben weder den Willen zu leben, noch zu sterben. So gibt es ihrerseits keine beachtliche Einwilligung in die Tötung andererseits stößt diese auf keinen Lebenswillen, der gebrochen werden müßte" (Binding und Hoche 1922, S. 31).* Weiter führt er aus: *„Ihr Leben ist absolut zwecklos, aber sie empfinden es nicht als unerträglich" (Binding und Hoche 1922, S. 31).*

Seine Position bezüglich der „unheilbar Blödsinnigen" formuliert er folgendermaßen:

„Wieder finde ich weder vom rechtlichen, noch vom sozialen, noch vom sittlichen, noch vom religiösen Standpunkt aus schlechterdings keinen Grund, die Tötung dieser Menschen, die das furchtbare Gegenbild echter Menschen bilden und fast in jedem Entsetzen erwecken, der ihnen begegnet, freizugeben - natürlich nicht an Jedermann (Binding und Hoche 1922, S. 32).

Formal ist an diesem Satz bemerkenswert, daß Binding die Aussage, es sei moralisch und rechtlich zulässig, behinderte und kranke Menschen zu töten, in eine doppelte Verneinung steckt, so daß der Sinn erst nach einigem Nachdenken für den Leser deutlich wird. Es bleibt die Frage, warum er diese Aussage nicht eindeutig formuliert.

Die dritte Gruppe der dauerhaft Komatösen kann man laut Binding nicht richtig zuordnen. Interessanterweise schreibt er hier, daß - durch die Dauer des Komas bedingt - von zulässiger Euthanasie nicht mehr die Rede sein könne. Hier wird also das Argument herangezogen, daß man bei Sterbenden zulässigerweise von Euthanasie sprechen kann, bei Nicht-Sterbenden wie den Komatösen jedoch nicht. Bei der Gruppe der behinderten und geistig kranken Menschen ist dies für Binding jedoch unerheblich. Hier besteht eine eklatante Argumentationslücke. Er schreibt:

„Die Personen also, die für die Freigabe ihrer Tötung allein in Betracht kommen, sind stets nur die unrettbar Kranken, und zu der Unrettbarkeit gesellt sich stets das Verlangen des Todes oder die Einwilligung, oder sie würde sich dazu gesellen, wenn der Kranke nicht in dem kritischen Zeitpunkt der Bewußtlosigkeit verfallen wäre oder wenn der Kranke je zum Bewußtsein seines Zustandes hätte gelangen können" (Binding und Hoche 1922, S. 34).

Bindings Hauptargument ist die Aussage, daß „unheilbar Blödsinnige" keinen Lebenswillen haben, der „gebrochen werden müßte". So kann er denn formulieren: *„Wie schon oben ausgeführt, ist jede Freigabe der Tötung mit Brechung des Lebenswillens des zu Tötenden oder des Getöteten ausgeschlossen" (Binding und Hoche 1922, S. 34)*, was wiederum im Umkehrschluß heißt, daß man die von ihm benannten „unheilbar Blödsinnigen" töten kann, weil sie keinen zu brechenden Lebenswillen haben. Daß die Komatösen ihn auch nicht mehr haben, unterschlägt er schlicht.

Im Folgenden entwickelt er ein bürokratisches Verfahren, das bei einer Lockerung des Tötungsverbotes in seinem Sinne eingehalten werden müsse. Es solle dazu eine Kommission bestehend aus einem Arzt, der in der Behandlung somatischer Krankheiten erfahren ist, einem Psychiater und einem Juristen gebildet werden, die über Euthanasieanträge zu befinden hätten. Die Kommission wäre Bestandteil einer Behörde. Sie würde bei Fällen zusammentreten, in denen Tötung auf Verlangen durchgeführt werden sollte.

Bei Fällen, in denen der Tötende eigenmächtig ohne den expliziten Wunsch des Getöteten gehandelt habe, solle es zur Strafmilderung oder zum Strafausschluß kommen, sofern der Tötende sich selbst anzeige. Binding tritt dem Argument, daß bei einem Irrtum der Kommission oder des gut meinenden Handelnden ein Mensch grundlos sein Leben verliert, recht lapidar entgegen:

„Das Gute und das Vernünftige müssen geschehen trotz allen Irrtumsrisikos... Aber die Menschheit verliert infolge Irrtums so viele Angehörige, daß einer mehr oder weniger wirklich kaum in die Waagschale fällt" (Binding und Hoche 1922, S. 40).

Nach seinen juristischen Überlegungen zur Stellung des Suizides und der Tötung auf Verlangen stellt Binding die Frage:

„Gibt es Menschenleben, die so stark die Eigenschaft eines Rechtsgutes eingebüßt haben, daß ihre Fortdauer für die Lebensträger wie für die Gesellschaft dauernd allen Wert verloren hat?" (Binding und Hoche 1922, S. 27).

Binding impliziert mit dieser Frage, daß nur ein Rechtsgut in einer Gesellschaft überhaupt einen Wert hat und formuliert zudem unscharf „Eigenschaft eines Rechtsgutes", ohne dies genauer darzulegen. Er beantwortet die Frage, wie oben bereits gezeigt, nicht schlüssig. Weder gibt es eine philosophische Auseinandersetzung um Eigenschaften von Leben und Menschenleben im Speziellen, noch eine Begründung dafür, warum die Interessen Dritter, in diesem Fall der Angehörigen und der Gesellschaft eine größere Wertigkeit haben als die Verfügbarkeit des Menschen über sich selbst und seine grundsätzliche Unantastbarkeit.

Hoche greift im zweiten Teil des Buches nach einigen Präliminarien zu den Sonderrechten von Ärzten Bindings o.g. Frage auf. In seiner „Argumentationsstrategie" nennt er zunächst den rechtlichen Sonderstatus der Ärzte, die in Lebensvorgänge und die körperliche Integrität anderer eingreifen dürfen, manchmal sogar Leben nehmen dürfen, um anderes zu bewahren, wie bei Embryotomien und Abtreibungen. Daraus leitet er zwanglos ab, daß die gesundheitliche Wiederherstellung einer Mehrzahl das Opfer einer Minderzahl notwendig mache (Binding und Hoche 1922, S. 47.

Daß der rechtliche Sonderstatus der Ärzte auf einem Vertrag basiert, der wiederum auf gegenseitigem Respekt und dem Selbstbestimmungsrecht des Patienten gründet, wird nicht erwähnt.

Statt dessen werden weiter Setzungen gemacht. Für den Psychiater Hoche ist es Tatsache, daß für sogenannte unheilbar Geisteskranke der Tod die bessere Alternative zum Weiterleben ist. Zudem führt er übergangslos die Begriffe „geistig Tote", „Ballastexistenzen" und „leere Menschenhülsen" ein. „Defektmenschen", so schreibt er, solle man ohnehin von der Fortpflanzung ausschließen. Zwischendurch kommt noch ein als wirtschaftlich benanntes Argument, daß von Kindheit an geistig kranke und behinderte Menschen den Staat nur Geld kosten. Schließlich bedient er sich noch einer Analogie, der Gleichsetzung des Staates mit einem Organismus, um zu der Aussage zu gelangen, daß ein Staat seine kranken Mitglieder abstoßen und ausmerzen dürfe.

Da Hoche den Begriff „geistig Tote" gewählt hat, geht damit einher, daß sie kein Selbstbewußtsein und daher keinen „subjektiven Anspruch auf Leben" (Binding und Hoche 1922, S. 57f). Daraus folgert er, daß die Tötung eines solchen Menschen keine Tötung sei und damit nicht unter das allgemeine Tötungsverbot falle.

Beide Texte, so wenig begründet sie im Einzelnen sind, ergänzen sich. Was Binding in seinen Ausführungen nicht leistet, nämlich den Ansatz einer Begründung zu liefern, warum das Selbstbestimmungsrecht bei der Gruppe der „unheilbar Blödsinnigen" nicht existiert, bei den Komatösen aber schon und bei den „unheilbar Blödsinnigen" den Interessen Dritter weichen muß, versucht Hoche mit seinen Setzungen, Analogien und seiner verurteilenden Begriffsgebung zu ergänzen.

In beiden Texten wird die Unterscheidung einer Tötung auf Verlangen bei Sterbenden und die Tötung von Nicht-Sterbenden im Interesse Dritter nicht explizit herausgearbeitet. Zusammen mit den persönlichen Überzeugungen der Autoren, die als wissenschaftliche Argumente ausgegeben werden, und der verurteilenden Begriffsgebung entsteht durch die Unterschlagung dieser Differenzierung fast die Notwendigkeit, eine Bevölkerungsgruppe, die nicht den mehrheitlichen Vorstellungen von Schönheit und Leistungsfähigkeit entspricht und mehr Unterstützung beim Leben braucht, töten zu müssen.

Das Buch „Die Freigabe der Vernichtung lebensunwerten Lebens" ist keine Glanzleistung wissenschaftlichen Begründens und Argumentierens. Ihre Bedeutung hat sie dadurch erlangt, weil sie in den 40er Jahren zur Argumentationsgrundlage für die Morde an mehr als 70.000 geistig kranken und behinderten Menschen im nationalsozialistischen Deutschland wurden (vgl. Klee 1985).

Das Töten einer Bevölkerungsgruppe im Interesse Dritter, die nicht den üblichen Kriterien von Nützlichkeit und Leistungsfähigkeit entspricht, ist keine Sterbehilfe bzw. Euthanasie, sondern Mord. Es hat nichts mit der freiwilligen Bitte eines selbstverantwortlichen auf den Tod erkrankten Menschen zu tun, auch wenn es in den üblichen medizinhistorischen und sonstigen historischen Auseinandersetzungen immer unter diesem Begriff verhandelt wird.

2.5 Begriffe: Der gute Tod, Euthanasie und Sterbehilfe

Nach der einleitenden philosophischen, theologischen und juristischen Einordnung der Problematik der Sterbehilfe und einem exemplarischen historischen Exkurs über die wechselvolle Bedeutung der Problematik in verschiedenen Kulturen und Herrschaftsformen soll der Begriff der Sterbehilfe genauer analysiert werden. Dies ist unumgänglich, will man eine rationale Auseinandersetzung mit diesem so brisanten Thema leisten. Eine rationale Diskussion setzt eine Eindeutigkeit der verwendeten Begriffe voraus, oder, wenn dies nicht zu leisten ist, die Kenntnis der Mehrdeutigkeit und mitschwingenden Assoziationen Diese Voraussetzung gilt gerade, wenn man sich über eine nationale Ebene hinausbewegt.

2.5.1 Was können Begriffe leisten?

Allgemein wird durch Begriffe „eine innere Repräsentation der Umwelt, ihrer Gegenstände und Ereignisse gewonnen und der einzelne Mensch befähigt, sich in diese Wirklichkeit einzuordnen" (Wassermann 1993, S. 13).

Philosophisch gilt ein Begriff als sprachlicher Ausdruck einer allgemeinen Vorstellung oder Idee als Resultat eines Denkaktes. Dabei ist der Begriffsinhalt die Summe der Begriffsmerkmale, die ein Gegenstand oder eine Handlung haben muß, um unter den Begriff zu fallen. Der Begriffsumfang schließlich ist die Menge aller Gegenstände oder Handlungen, die ein Begriff umfaßt (Hügli und Lübcke 1995, S. 80). In der Regel stößt eine Begriffsbestimmung auf große Schwierigkeiten, wie man auch im folgenden bei „Euthanasie" und „Sterbehilfe" sehen kann.

2.5.2 Das Wort „Euthanasie": Begriffsgeschichte

Das Wort „Euthanasie" setzt sich zusammen aus der griechischen Vorsilbe εὖ und dem Hauptwort θάνατος. „εὖ" bedeutet „gut" (Benseler 1981, S. 315) „θάνατος" ist einerseits der „natürliche Tod", aber auch der „gewaltsame Tod", und es ist der Eigenname des Todesgottes (Benseler 1981, S. 355).

In der griechischen Mythologie galt Thanatos, Sohn der Nyx und Bruder des Hypnos, selbst den Göttern als verhaßt. Er war kein Gott des religiösen im Kult fundierten Glaubens. Wen er einmal gepackt hat, hält er fest. In Euripides Darstellung der Alkestis gelingt es nur dem Halbgott Herakles, ihn zu besiegen. Die Tragödien zeigen Thanatos häufig als Erlöser von allem Erdenleid. Thanatos ist weder als mythische Person noch als Vorstellung abgegrenzt gegen Charon und Hades (Ziegler und Sontheimer 1975, S. 647f; Rose 1961, S. 138).

Der Begriff Euthanasie findet sich in der hellenistischen Literatur und bedeutet etwa, einen glücklichen und ehrenhaften Tod zu sterben (Ritter und Gründer 1972, S. 827).

Erst im 19. Jahrhundert erhält der Begriff Euthanasie eine spezifisch medizinische Bedeutung im Sinne einer Sterbeerleichterung durch den Arzt (Ritter und Gründer 1972, S.827).

Die einfache Übersetzung von Euthanatos heißt: ein guter Tod. Was aber heißt es, einen guten Tod zu sterben? Tugendhat formulierte für die Begriffe „Ethik" und „Moral": „Man kann also den Worten „Moral" und „Ethik" von ihrem Ursprung her nichts über ihre Bedeutung entnehmen. Es sind *termini technici* geworden ..." (Tugendhat 1994, S. 35).

An späterer Stelle schreibt er: „Beide Worte eignen sich aber, eben weil sie ursprünglich einen anderen Sinn hatten ... nicht gut als Orientierungspunkte für die Klarstellung, was wir unter einer Moral ... verstehen wollen" (Tugendhat 1994, S. 35). Ähnliches gilt für den Begriff der Euthanasie: das, was die alten Griechen ursprünglich mit einem guten Tod gemeint haben, sofern es damals überhaupt einen Konsens gegeben hat, muß nicht unbedingt etwas mit unserer Vorstellung zu tun haben.

Komplizierter noch wird die Begrifflichkeit in Europa dadurch, daß die deutschsprachigen Länder den Begriff „Euthanasie" vermeiden und ihn durch „Sterbehilfe" ersetzt haben. Es ist bislang noch nicht gelungen, die zwar sachlich völlig falsche, aber im Denken der Menschen vorhandene Assoziation ´Euthanasie gleich Morde an Kranken` zu überwinden. Daher sieht sich jeder, der sich mit dem Thema Sterbehilfe beschäftigt, mit der doppelten Begrifflichkeit konfrontiert.

Wie sehr sich im Verlaufe der Geschichte die Vorstellung von einem Euthanatos unter dem Einfluß verschiedener Religionen und Ideologien immer wieder gewandelt hat, hat Kapitel 2. 4. ansatzweise gezeigt. Deutlich geworden ist auch, daß sich die Vorstellung von einem guten Tod im Spannungsfeld von individuellen und gesellschaftlichen Bedürfnissen bewegt.

2.5.3 Analyse der Begriffsmerkmale

Menschen sterben heute überwiegend an anderen Krankheiten als zur Zeit des Sokrates, Seneca, Thomas Morus und als im 19. Jahrhundert. Hygiene, Antibiotika und verbesserter Ernährungszustand haben zu einem Rückgang der Infektionskrankheiten und damit der Epidemien geführt, die Entdeckung und Entwicklung von Schmerzmitteln und Narkotika hatten eine Weiterentwicklung der Chirurgie zur Folge, potente Medikamente und Medizintechnik ermöglichen heute eine Intensivtherapie.An welchen Krankheiten leiden Menschen heute, die um „Sterbehilfe" bzw. „Euthanasie " bitten? In den Niederlanden hat es in den letzten 10 Jahren mehrere landesweite Untersuchungen zum Thema Sterbehilfe / Euthanasie gegeben.

1996 veröffentlichten Van der Maas et al. einen Vergleich zweier Studien von 1990 und 1995.

	Euthanasie (n=257) %	Assistierter Suizid (n=25) %	Lebensbeendigung ohne ausdrücklichen Wunsch (n=64) %	Schmerzlinderung mit hohen Opioiddosen (n=1161) %	Therapieverzicht (n=1097) %
Krebs	80	78	40	54	24
Kardiovaskuläre Erkrankungen	3	0	5	12	16
Neurologische Erkrankungen	4	6	22	7	18
Andere	13	16	33	26	42

Tab. 2: Todesursachen und Häufigkeit des Sterbehilfewunsches (aus van der Maas et al. 1996). (Die in der Tabelle gelisteten Zahlen sind Prozente der untersuchten Fälle. Die Summe ergibt aufgrund von Rundung nicht immer 100.)

Dabei zeigte sich, daß in 80% der Fälle, in denen Patienten um „Sterbehilfe" bzw. „Euthanasie" gebeten hatten, diese Patienten an einer Krebserkrankung litten, 3% an einer kardiovaskulären Erkrankung und 4% an einer Erkrankung des Nervensystems. Es handelt sich dabei in der Regel wie auch bei den kardiovaskulären und neurologischen Erkrankungen um langdauernde, fortschreitende Krankheiten.

Faktoren, die die Angst hervorrufen, einen schlechten Tod zu sterben, sind: aussichtsloses, unerträgliches Leid, Entwürdigung, Sinnlosigkeit und erst an fünfter Stelle der medizinisch faßbare Schmerz:

Gründe für Wunsch nach Sterbehilfe / assistiertem Suizid	%
Aussichtsloses, unerträgliches Leiden	74
Vermeiden von Entwürdigung	56
Vermeiden von stärkerem / weiterem Leiden	47
Sinnloses Leiden	44
Schmerz	32
Lebensmüdigkeit	18
Vermeidung von Ersticken	18
Wunsch, der Familie nicht zur Last zu fallen	13
Vermeidung von Schmerz	10

Tab. 3: Gründe für den Wunsch nach Sterbehilfe (modifiziert nach van der Wal et al. 1996)

Es ist sicher nicht falsch auch heute allen Menschen zu unterstellen, daß sie einen guten Tod sterben möchten, gleich wann und mit welchen Bedingungen dies auf sie zukommt. „Euthanasie" erscheint hier als Bitte einer Sterbeerleichterung oder Begleitung bei chronischen, sicher auf den Tod zuführenden Erkrankungen. „Euthanasie" ist in diesem Sinne gleichzusetzen mit „Sterbehilfe".

Menschen befinden sich also in einem Krankheitsprozeß, der unweigerlich auf den Tod zuführt. Ein Merkmal des geäußerten Wunsches ist, daß es sich um eine Entscheidung handelt, die bewußt getroffen wird. Ein weiteres wichtiges Merkmal ist, daß „Euthanasie" (= aktive Sterbehilfe) ein früheres Beenden des Lebens vor dem „natürlichen Lauf der Dinge" meint.

Diese beiden Merkmale sind identisch mit denen des assistierten Suizids: auch hierbei handelt es sich um eine Entscheidung und es geht inhaltlich um die vorzeitige Lebensbeendigung aus einem als unerträglich empfundenen Dasein. Entsprechend werden beide Handlungen meistens miteinander erwähnt. In der Praxis ist die Unterscheidung schwierig. Je nach Rechtslage in einem Land kann es auch zu einer Vermischung bei der Beurteilung der Handlung kommen wie zum Beispiel in Deutschland bei den Fällen Wittig und Hackethal (Koch 1991).

Gemeinsames Merkmal aller in der Tabelle 2 aufgeführten Handlungen Euthanasie, assistierter Suizid, Lebensbeendigung ohne ausdrücklichen Wunsch des Patienten, Schmerzlinderung mit hohen Opioiddosen und der Therapieverzicht ist, daß sie *am Ende eines menschlichen Lebens* durchgeführt werden. Ein Unterscheidungsmerkmal zwischen den Handlungen Euthanasie / assistierter Suizid und Lebensbeendigung ohne ausdrücklichen Wunsch / hohe Opioiddosen / Therapieverzicht - ist, daß es in der ersten Gruppe um die ausdrückliche Entscheidung des Patienten geht, in der zweiten ist es eine nicht ausdrückliche Entscheidung.

Im Falle psychiatrischer Erkrankungen ist das Merkmalsprofil von „Euthanasie“ verändert: es handelt sich um eine Entscheidung mitten im Leben. Zu den Merkmalen des Begriffes „Euthanasie“ zählt die individuelle Einstellung zum Leben, d. h. Antworten auf die folgenden Fragen:

- Welchen Sinn hat das eigene Leben?
- Gibt es Verletzungen, Versäumnisse? Wie stark werden sie empfunden? Können Sie aufgeholt werden?
- Ist es möglich, dieses individuelle Leben „zu Ende zu leben“ oder kommt ein Ende darin gar nicht vor?

In diesem Bereich sind die individuellen Einstellungen zu Religion, der kulturellen Umgebung, zu Familie und Freundeskreis und zu sich selbst wichtig. Die genauere Bestimmung für eine allgemeine Definition ist fast unmöglich, weil zur Beantwortung der Frage, was für diesen Menschen ein guter Tod ist, immer die ganze Lebensgeschichte erfaßt werden muß. Die Bestimmung, was ein guter Tod für einen Menschen sein kann, hängt immer auch mit seinem Leben zusammen.

2.5.4 Analyse des Begriffsumfanges

Welche Merkmale und Bereiche umfaßt der Begriff „Sterbehilfe“ bzw. „Euthanasie“ heute? Es geht um:

1. Eine Entscheidung
   - am Lebensende / nicht am Lebensende
   - vom Patienten explizit gewollt / ... nicht explizit gewollt

2. Eine Handlung
   - Tötung eines Sterbenden / Tötung eines Nicht-Sterbenden

3. Den Kontext
   - von Individuum und Gemeinschaft
   - von Rechtsnormen: erlaubt und nicht-erlaubt
   - von religiösen / moralischen Normen: gut oder schlecht zu handeln.

Bei „Sterbehilfe“ bzw. „Euthanasie“ haben wir es mit einer Entscheidung zu tun, aus der die Handlung erfolgt, einen Menschen zu töten, die wiederum in einem Spannungsfeld individueller und gemeinschaftlicher Interessen sowie rechtlicher und moralisch-religiöser Bewertungen steht. In den einzelnen europäischen Ländern sind unterschiedliche Merkmale in die geltenden Definitionen des Begriffes aufgenommen.

2.5 5 Die einzelnen Länder und ihre Definitionen

2.5.5.1 Deutschland

In Deutschland wird aus historischen Gründen nicht von „Euthanasie", sondern von „Sterbehilfe" gesprochen. Damit soll jede Assoziation mit den systematischen Mordprogrammen der Nationalsozialisten an Kranken und Behinderten, die als „Euthanasieprogramm" bezeichnet wurden, vermieden werden.

„Sterbehilfe" kann auf drei Arten geleistet werden: aktiv, passiv und indirekt.

Aktive Sterbehilfe

Die deutsche Gesellschaft für Anästhesie und Intensivmedizin (DGAI) hat ihren Leitlinien „Grenzen intensivmedizinischer Behandlungspflicht" folgende kurze Definition zugrunde gelegt: *„Tötung eines unheilbar Kranken aufgrund seines ernstlichen Willens durch eine aktive Handlung" (DGAI 1999, S. 214; auch Opderbecke et Weißauer 1999, S. 207).*

Die Definition des Lexikons „Medizin, Ethik, Recht" berücksichtigt den Aspekt der Heilbarkeit nicht: *„Als aktive Sterbehilfe bezeichnet man die absichtliche und aktive Beschleunigung des Todeseintrittes" (Eser et al. 1989, S. 1093).*

Passive Sterbehilfe

Die DGAI hat folgende Definition genannt: *„Verzicht auf lebensverlängernde Behandlungsmaßnahmen, insbesondere auf die Wiederherstellung und Aufrechterhaltung vitaler Funktionen durch intensivmedizinische Verfahren bei progredienten Erkrankungen mit infauster Prognose" (DGAI 1999, S. 214).*

Die Ausführungen im Lexikon „Medizin, Ethik, Recht" lassen sich zusammenfassen: Behandlungsverzicht oder Abbruch von Maßnahmen bei Sterbenden oder bald Sterbenden (Eser et al. 1989, S. 1088).

Indirekte Sterbehilfe

Die DGAI definiert wie folgt: *„Palliative Behandlung eines Schwerkranken, insbesondere potente Schmerztherapie, unter Inkaufnahme einer möglichen Lebensverkürzung als unbeabsichtigte Nebenwirkung" (DGAI 1999, S. 251).*
Im Lexikon „Medizin, Ethik, Recht" wird die indirekte Sterbehilfe so beschrieben:

„Mit dem von juristischer Seite eingeführten Begriff der „indirekten" Sterbehilfe bezeichnet man Fallkonstellationen, in denen als unbeabsichtigte Nebenwirkungen eines notwendigen Medikamentes, meist wird es sich um starke Schmerzmittel handeln, der Eintritt des Todes (möglicherweise) beschleunigt wird" (Eser et al. 1989, S. 1094).

Eine allgemeinverbindliche Definition für alle Einzelfälle gibt es nicht.

Kritisch angemerkt werden muß zur Auswahl der Quellen, daß es sich bei den Definitionen der DGAI um solche handelt, die speziell auf Krankheitsverläufe der anästhesiologischen Intensivmedizin bezieht und damit Aspekte bei jahrelangen, chronischen Krankheitsverläufen weniger berücksichtigt werden. Da aber im Verlauf moderner Intensivtherapie notwendig jeden Tag Fragen des Behandlungsverzichts und des Therapieabbruches bei kommunikationsunfähigen Patienten vorkommen, ist gerade dieser Problemkreis von großer Bedeutung.

Das Lexikon „Medizin, Ethik, Recht" versteht sich als „Information und Orientierung", wobei letzteres eindeutig im Vordergrund steht. Es handelt sich bei den einzelnen Artikeln weniger um eine im philosophischen oder juristischen Sinne wissenschaftlich exakte Begriffsdarstellung, sondern mehr um die Darstellung des landläufigen Konsenses in ausführlich beschreibender Form mit gleichzeitiger Bewertung.

Die Teilung des Begriffes Sterbehilfe in aktiv, passiv und indirekt ist in der deutschen medizinischen, philosophischen und juristischen Literatur zwar allgemein üblich, trifft aber in der Praxis auf Unverständnis und Kritik.
So hat Wehkamp in seiner 1996 durchgeführten Studie festgestellt:

„Voraussetzung für eine solch klare Positionsbestimmung ist jedoch m. E. nicht nur eine eindeutige begriffliche und theoretische Abgrenzung der verschiedenen Sterbehilfe-Formen (aktiv, passiv, indirekt), sondern auch eine entsprechende klare Unterscheidung 'in der Wirklichkeit'...[Es] gab einen bemerkenswert hohen Anteil der Ärztinnen und Ärzte an, oft nicht klar zwischen aktiver und passiver Sterbehilfe unterscheiden zu können. Der Grund dafür dürfte vorwiegend nicht in Qualifikationsdefiziten bestehen, sondern darin, daß die medizinischen

Situationen es oft als willkürlich (und vielleicht auch als irrelevant) erscheinen lassen, ob man eine Maßnahme nun der aktiven oder passiven Form von Sterbehilfe zuordnet"(Wehkamp 1998, S. 19 - 20).

Sterbebegleitung

Sterbebegleitung wird auch synonym mit Sterbebeistand gesetzt.
Im Lexikon „Medizin, Ethik, Recht" wird formuliert:

„Begleitung hat die Aufgabe, dem Sterbenden alle nötige medizinische und pflegerische Hilfe zu geben und alles Mögliche zur Bekämpfung von Schmerzen und anderen Beschwerden zu tun. Dabei verdient auch das Auffangen des emotionalen Leidens große Aufmerksamkeit." (Eser et al. 1989, S. 1079)

Die Richtlinien der Bundesärztekammer zum Thema Ausmaß und Art der Betreuung von Sterbenden von 1998 nennen sich explizit: „Grundsätze der Bundesärztekammer zur ärztlichen Sterbebegleitung." Dabei werden die oben genannten Aspekte der Begleitung als „Basisbetreuung" zusammengefaßt: menschenwürdige Unterbringung, Zuwendung, Körperpflege, Lindern von Schmerzen, Atemnot und Übelkeit sowie Stillen von Hunger und Durst.

Eine medizinisch und pflegerisch korrekt durchgeführte Sterbebegleitung ist nicht mehr vollständig gegen Palliativmedizin abgrenzbar (vgl. auch Klaschik 1999*): „Palliative medicine is the study and management of patients with active, progressive, far-advanced disease for whom the prognosis is limited and the focus of care is the quality of life" (Doyle et al. 1998, S. 1).*

Vor allem in der juristischen Literatur findet sich in Deutschland noch die Unterscheidung Hilfe im / beim Sterben und Hilfe zum Sterben. Hilfe im Sterben meint hierbei, „dem Patienten unnötiges Leiden zu ersparen, ohne sein Leben zu verkürzen" (Baumann et al. 1986, S. 3), Hilfe zum Sterben ist bei Leidensminderung eine Inkaufnahme des Todeseintrittes (Baumann et al.1986, S. 3).

2.5.5.2 Österreich

Auch in Österreich findet sich die Unterscheidung zwischen Hilfe im Sterben und Hilfe beim Sterben, allerdings auch hier in der juristischen Literatur (v. Kühlmann 1995, S. 45). In Österreich wird zwischen echter und unechter Sterbehilfe unterschieden.

Echte Sterbehilfe

Echte Sterbehilfe bedeutet die Verabreichung schmerzlindernder und sedierender Medikamente im Sterben, allerdings ohne Intention oder gar praktische Konsequenz der Lebensverkürzung. Der Begriff der echten Sterbehilfe (v. Kühlmann 1995, S. 45) ist vergleichbar mit dem in Deutschland gebräuchlichen der Sterbebegleitung.

Unechte Sterbehilfe

Mit der unechten Sterbehilfe in Österreich ist der in Deutschland gebräuchliche Terminus aktive Sterbehilfe gemeint. „Sie behandelt positive Maßnahmen, die von einem Arzt oder anderen Personen vorgenommen werden und die nachweislich oder doch erfahrungsgemäß den Eintritt des Todes herbeiführen bzw. beschleunigen können“ (v. Kühlmann 1995, S. 45) .

Auch in Österreich gibt es eine indirekte Sterbehilfe, die differenzierter als in Deutschland der aktiven Sterbehilfe zugeordnet und gegen eine aktive direkte Sterbehilfe abgegrenzt wird. Hierbei ist die Intention des Handelnden der unterscheidende Faktor: bei der aktiven indirekten Sterbehilfe ist die Abkürzung eines qualvollen Sterbens Ursache und Zweck der Handlung, bei der aktiven indirekten Sterbehilfe wird die Abkürzung des Lebens in Kauf genommen, Schmerzlinderung ist aber die Intention der Handlung.

Die o. g. Differenzierungen sind in der Rechtsprechung von großer Bedeutung, da jegliche Form aktiver Sterbehilfe den Straftatbestand der Tötung erfüllt und das Strafmaß davon abhängt, ob der Tatbestand Tötung aus Mitleid geltend gemacht werden kann (vgl. Kap. 2. 3.).

Passive Sterbehilfe

Mit passiver Sterbehilfe wird ein Unterlassen von lebenserhaltenden Maßnahmen beschrieben. In der Regel ist jeder Mensch, besonders aber Ärzte, dazu verpflichtet, Maßnahmen zur Lebenserhaltung zu ergreifen. Die Rechtspflicht zur Lebenserhaltung erlischt erst, wenn der Sterbeprozeß irreversibel eingesetzt hat (v. Kühlmann 1995, S. 45).

Von den Theologen in Österreich werden noch zusätzliche Unterscheidungen vorgenommen wie direkte und indirekte passive Euthanasie (Dearing und Schwarz 1992, S. 567). Mit indirekter passiver Euthanasie ist das Unterlassen lebenserhaltender Maßnahmen zur Leidensminderung gemeint, wobei nicht ausgeführt wird, ob der Sterbeprozeß irreversibel eingesetzt hat, sowie das Aussetzen medizinischer Maßnahmen nach festgestelltem Gehirntod (Dearing und

Schwarz 1992, S. 567). Die bei den Theologen zusätzlich vorgenommene Differenzierung des Begriffes der passiven Sterbehilfe beruht in Anwendung auf den eingetretenen Gehirntod auf medizinischer Unkenntnis des Vorgangs und ist im Fall des Unterlassens von Maßnahmen zur Leidensminderung nicht genau genug gefaßt, so daß er eher zur Verwirrung beiträgt und hier nur der Vollständigkeit halber erwähnt wird.

2.5.5.3 Schweiz

Auch in der Schweiz wird wie in Deutschland und Österreich der Begriff der Sterbehilfe statt Euthanasie verwendet. Auch die in Deutschland gebräuchliche Unterscheidung in aktive, indirekte und passive Sterbehilfe findet sich. Interessanterweise wird in den neuesten „Medizinisch-ethischen Richtlinien für die ärztliche Betreuung sterbender und zerebral schwerst geschädigter Patienten" der Schweizerischen Akademie der Medizinischen Wissenschaften nur im Kommentar je einmal von aktiver und passiver Sterbehilfe gesprochen, im eigentlichen Richtlinien-Text nicht mehr (SAMW 1995). Die ältere Fassung von 1976 heißt noch „Richtlinien für die Sterbehilfe" und widmet im Kommentar den Begriffsdefinitionen breiteren Raum. Sterbehilfe, so heißt es dort, betreffe den im Sterben liegenden Menschen. Sterbehilfe umfasse die aktive und passive Form.

Aktive Sterbehilfe

„Die aktive Sterbehilfe ist die gezielte Lebensverkürzung durch Tötung des Sterbenden. Sie besteht in künstlichen Eingriffen in die restlichen Lebensvorgänge, um das Eintreten des Todes zu beschleunigen" (SAMW 1995).
Sie wird auch als Sterbenachhilfe bezeichnet. Es wird in einer Fußnote der Richtlinien der SAMW explizit zur „Euthanasie" der Nationalsozialisten Stellung genommen und ausgedrückt, daß zur Vermeidung von Mißverständnissen in der Schweiz ausdrücklich von Sterbehilfe und nicht von Euthanasie gesprochen wird.

Im Bericht der Arbeitsgruppe „Sterbehilfe" von 1999 wird genau wie in Österreich die direkte aktive und die indirekte aktive Sterbehilfe voneinander unterschieden (S. 12 f).

Indirekte Sterbehilfe

Die indirekte Sterbehilfe wird im Bericht der Kommission des Nationalrates als ein Sonderfall der aktiven Sterbehilfe angesehen.

„Hier handelt es sich um Lebensverkürzung als Folge der Schmerzbekämpfung. Gemeint ist der Fall, in dem die Anwendung schmerzlindernder Mittel in der Endphase einer unheilbaren Erkrankung den Eintritt des Todes mit mehr oder minder großer Wahrscheinlichkeit beschleunigt" (Heine 1991, S. 635).
Im Bericht der Arbeitsgruppe „Sterbehilfe" heißt es: *„Indirekte aktive Sterbehilfe liegt vor, wenn zur Linderung von Leiden Mittel eingesetzt werden, welche als Nebenwirkung die Überlebensdauer herabsetzen können" (Bericht der Arbeitsgruppe „Sterbehilfe", S. 13).*

Passive Sterbehilfe

„Die passive Sterbehilfe ist der Verzicht auf lebensverlängernde Maßnahmen beim Todkranken. Sie umfaßt die Unterlassung oder das Nichtfortsetzen von Medikationen sowie von technischen Maßnahmen, zum Beispiel Beatmung, Sauerstoffzufuhr, Bluttransfusionen, Hämodialyse, künstliche Ernährung" (SAMW 1995).

Im Bericht der Kommission des Nationalrates zur Sterbehilfe von 1978 wird zudem noch konkretisiert, in welcher Form passive Sterbehilfe stattfinden kann:

„durch den Verzicht auf Spitaleinweisung eines Sterbenden, durch den primären Verzicht auf die Einleitung lebensverlängernder Maßnahmen bei einem Schwerverletzten mit eindeutig hoffnungsloser Prognose (z. B. schwerste Schädelzertrümmerung bei einem Unfall) und durch den Verzicht auf den Einsatz der technischen Apparate der Intensivstation eines modernen Spitals bei hoffnungslos Kranken..." (Heine 1991, S. 635).

Die Arbeitsgruppe „Sterbehilfe" formuliert 1999 kurz: *„Passive Sterbehilfe liegt vor, wenn auf lebenserhaltende Maßnahmen verzichtet wird." (Bericht der Arbeitsgruppe „Sterbehilfe", S. 14)*

2.5.5.4 Großbritannien

In England wird im Gegensatz zu den deutschsprachigen europäischen Staaten der Begriff „euthanasia" und synonym dazu „mercy killing" benutzt. (Huber 1991 S. 342).

„Die von dem Leidenden gewünschte Euthanasie wird auch als „unterstützter Selbstmord“ oder „Beihilfe zum Suizid“ (assisted suicide) oder als „Tötung auf Verlangen“ (homicide on request) bezeichnet“ (Huber 1991, S. 342).

Eine nationale britische Konferenz zu Themen der Bioethik 1996 legte folgende Definitionen vor.

Euthanasia

„The word 'euthanasia' originally meant simply gentle, easy death. We used it however, to mean a deliberate intervention undertaken with the expressed intention of ending a life, so as to relieve intractable suffering" (Horner 1996, S. 111).

1998 rief die BMA zu einem conference project „physician assisted suicide“ auf, das noch nicht beendet ist und in dem folgende Definitionen verwendet werden: *„Euthanasia is a deliberate act or omission whose primary intention is to end another's life. Literally, it only means a gentle or easy death but as come to signify a deliberate intervention with the intention to kill someone, often described as the „mercy killing" of people in pain with terminal illness." (BMA 1998).*

Passive Euthanasia

„The term 'passive euthanasia' has been used to describe the withdrawal or withholding of treatment needed to maintain life" (Horner 1996, S. 111). Gleichzeitig wurde allerdings von der Konferenz an diesem Verständnis des Begriffes Kritik geübt: *„We thought that that term was misleading and preferred to talk of a treatment limiting decision" (Horner 1996, S. 111).*

Die Beschreibung und die Kritik im PAS-Projekt der BMA lautet ebenso:

„"Active" and "passive" are also often applied to describe the extent of the doctor's role. Like many other bodies, including the house of Lord's Selected Committee on Medical Ethics, the BMA has long taken the view that such terms are ambiguous and unhelpful. Confusion may also arise when the withdrawing or withholding of life-prolonging treatment which is not providing a benefit to the patient is described as "passive euthanasia" (BMA 1998).

Zum Teil wird der Begriff „passive euthanasia“ auch für die Schmerzmittelgabe unter Inkaufnahme der Lebensverkürzung benutzt, was im deutschen Sprachraum als indirekte Sterbehilfe bezeichnet wird. Auch an dieser Benutzung des Begriff es wurde Kritik geübt und vorgeschlagen „to call that 'double effect'“ (Horner 1996, S. 111).

Voluntary, Non-voluntary und Involuntary Euthanasia

Im englischen Sprachraum wird die Unterscheidung zwischen der freiwilligen, nicht freiwilligen und unfreiwilligen Sterbehilfe betont: *„Voluntary euthanasia occurs when the patient's death is brought about his or her own request"*. Weiter heißt es: *„non voluntary euthanasia describes the killing of a patient who is not competent either to formulate a valid request, or to withhold consent" (Horner 1996, S. 111).*

Zur genaueren Erläuterung von „not competent" oder „incompetent" heißt es:

„We use the term 'incompetent' to identify patients who are unable, wether permanently or temporarily, to make decisions about their medical care...Involuntary euthanasia has been used to indicate the killing of a patient who is competent to request or consent to the act, but does not so." (Horner 1996, S. 111)

In den Definitionen des PAS-Projektes wird erläutert, daß die Unterteilung in „voluntary", „involuntary" und „non-voluntary" den Grad der Patientenbeteiligung an der Entscheidung markiert.

„'Non-voluntary euthanasia' is used to describe the killing of a patient who does not have the capacity to request or consent to it, inclding for example babies. 'Involuntary euthanasia' describes when competent people are killed against their will or without their consent."

2.5.5.5 Niederlande

In einer Veröffentlichung der Königlich-Niederländischen Gesellschaft zur Förderung der Heilkunde (KNMG) bezüglich der Euthanasie von 1984 heißt es:

„Unter Euthanasie versteht das Präsidium alle Handlungen, die darauf abzielen, eines Menschen Leben auf dessen Verlangen hin zu beenden. Eine weitere Unterteilung dieses Begriffes in passive Euthanasie und aktive Euthanasie und Hilfe bei einer Selbsttötung hält die Mehrheit des Präsidiums in moralischer Hinsicht für überflüssig und unerwünscht" (Scholten 1991, S. 489).

In einer von der KNMG 1998 herausgegebenen Zusammenfassung von Veröffentlichungen, die dem besseren Verständnis der niederländischen Euthanasiepraxis dienen, geben Dillmann und Legemaate folgende Definition:

„In the Netherlands euthanasia is defined as intentionally taking the life of a person upon his or her explicit request by someone other than the person concerned...
This definition implies three important points: firstly, euthanasia is an act, *it is defined as doing something (usually giving a drug), and it is not defined as refraining from action (i.e. stopping a treatment). Secondly, euthanasia is defined as* voluntary....*Thirdly, the term* intentionally *is usually interpreted as 'with the sole intention of'. Therefore acts with an 'oblique intention' to cause the death of an indiviual (referring to the principle of double effect) are not onsidered to be euthanasia" (Dillmann und Legemaate 1994, S. 81-82).*

In den Niederlanden wird seit der Liberalisierung der Euthanasiepraxis (vgl. Kap. 4) mit diesem eingeschränkten Euthanasiebegriff umgegangen: die Unterscheidung zwischen aktiver, passiver und indirekter Euthanasie wird nicht gemacht. Als Euthanasie gilt nur, wenn ein einsichtsfähiger Mensch im Status einer unheilbaren Krankheit und entsprechendem Leiden einen Arzt wiederholt um die Tötung bittet. In Deutschland würde dies als freiwillige aktive Sterbehilfe bezeichnet.

2.5.5.6 Belgien

In der juristischen Literatur Belgiens haben sich folgende Begriffe genau wie in den anderen Ländern durchgesetzt:
Euthanasie indirecte bedeutet die Erleichterung des leidvollen Sterbens durch den Einsatz von Medikamenten ggf. unter Inkaufnahme einer Lebensverkürzung.

Euthanasie passive umschreibt den Verzicht von medizinischen Maßnahmen, die nur ein Sterben verlängern würden und Euthanasie active ist die aktive Sterbehilfe entweder mit oder ohne Einwilligung oder gegen den willen des Kranken (Locher-Linn et Oudijk 1991, S. 251).

Besonderheiten in Belgien sind die Bezeichnung des Suizides eines unheilbar Kranken, der als Suicide euthanasique bezeichnet wird.
Orthothanasie wird der Sterbebeistand eines unheilbar Kranken genannt und das Sterbenlassen eines im Koma liegenden Patienten (Locher-Linn et Oudijk 1991, S. 252).

In Tabelle 4 werden die bisher angeführten Begriffe aufgeführt und ihrer Bedeutung nach geordnet.

2.5.6 Die Begriffe „Euthanasie“ und „Sterbehilfe“ in dieser Arbeit

In der vorliegenden Arbeit wird der Begriff „Sterbehilfe“ entsprechend dem Gebrauch in der deutschen Sprache als Ausdruck für die ärztliche Hilfe beim Sterben verwendet und schließt Beistand, Pflege und gegebenenfalls ärztliche Interventionen oder Unterlassungen ein. Dabei wird die in der deutschen Literatur übernommene Dreiteilung der Begriffe entsprechend den DGAI-Definitionen übernommen.

Der Begriff „Euthanasie“ ist im wörtlichen Sinne benutzt und steht hier für Hilfe für einen subjektiv ersehnten und empfundenen guten Tod.

Die nicht deutschsprachigen Länder Europas verwenden den Begriff „Euthanasie“ wie den Begriff „Sterbehilfe“. Daher läßt sich die doppelte Bedeutung des Begriffes „Euthanasie“ in dieser Arbeit nicht vollständig vermeiden. Die wörtliche Bedeutung eines gewünschten guten subjektiven Todes mit allen Implikationen einer gelungenen Lebensführung schwingt immer mit und macht letztlich den Umgang mit der Thematik so schwierig. Der theoretische Teil der vorliegenden Arbeit sollte die Sensibilität für die historischen und philosophischen Assoziationen schärfen, die den Begriff der „Euthanasie“ stets begleiten. Im jetzt folgenden praktischen Teil wird anhand von Fallbeispielen, nationalen Standesrichtlinien und Studien einzelner europäischer Länder der Schwerpunkt auf die „Sterbehilfe“ gelegt, also den ärztlichen Beistand beim Vorgang des Sterbens.

	gezieltes, aktives Herbeiführen des Todes eines Menschen	Unterlassen oder Abbrechen lebens-verlängernder Maßnahmen	Leidenslinderung beim Todkranken unter Inkaufnahme der Lebensverkürzung	Mitwirkung an der Selbsttötung eines anderen Menschen	Begleitung und Leidenslinderung beim Sterbenskranken ohne Lebensverkürzung	
Deutschland	aktive Sterbehilfe	passive Sterbehilfe	indirekte Sterbehilfe	Beihilfe zum Suizid	Sterbebegleitung	Deutschland
Österreich	unechte direkte Sterbehilfe	passive Sterbehilfe	unechte indirekte Sterbehilfe		echte Sterbehilfe	Österreich
Niederlande	Euthanasie		double effect	medizinisch assistierter Suizid		Niederlande
Belgien	euthanasie active	euthanasie passive	euthanasie indirecte		Orthothanasie	Belgien
Großbritannien	euthanasia / (voluntary, non-voluntary, involuntary)	passive euthanasia	double effect	assisted suicide		Großbritannien

Tab. 4: Sterbehilfebegriffe in Europa im Vergleich (modifiziert nach Wernstedt et al. 2000, S. 222)

3 Medizinische Situation

Die Sterbesituationen der im folgenden vorgestellten Menschen sind auf den ersten Blick nicht weniger schrecklich als die der beiden Philosophen Sokrates und Seneca. Auch hier zeigt sich, daß ein gelungener, ein guter Tod mehr die Vollendung eines Menschenlebens ist und viel weiter in die Lebensgeschichte zurückreicht als die unmittelbaren Stunden des Sterbens. Auch wird sich an einigen Beispielen zeigen, daß ein guter Tod dann eintritt, gleichgültig wie schlimm die Umstände sind, wenn der sterbende Mensch seine Endlichkeit angenommen hat. Die medizinische Sprache und die klinische Umgebung, in der sich das Sterben vollzogen hat, verdecken diese philosophischen Einsichten.

Nach den Fallbeispielen werden Studien vorgestellt, die in verschiedenen europäischen Ländern durchgeführt worden sind, um Zahlen in Bezug auf die Durchführung aktiver Sterbehilfe zu erhalten.

Wichtig für die Interpretation klinischer Situationen sind Richtlinien, die ärztliche Standesvertretungen oder Gesundheitsbehörden zum Thema Sterbebegleitung / Sterbehilfe verfaßt haben. Auch diese werden, soweit sie zugänglich waren, vorgestellt.

3.1 Praktische Durchführung von Sterbehilfe

Anhand von vier Beispielen soll die in Deutschland gebräuchliche Differenzierung der Sterbehilfe in aktive, passive, indirekte und die Sterbebegleitung gezeigt werden. Sämtliche Beispiele sind Sterbeverläufe von Patienten, die im Universitätsklinikum Göttingen entweder auf der Palliativstation oder den anästhesiologischen Wachstationen behandelt wurden.

3.1.1 Wie kann aktive Sterbehilfe durchgeführt werden?

Gleich zu Beginn das schwierigste Thema. Wie aus dem Kapitel 2. 3. und 5. 1. ersichtlich wurde, ist aktive Sterbehilfe in Deutschland nach Paragraph 211 StGB verboten und wird mit Gefängnis bestraft. Auch die Bundesärztekammer, sowie sämtliche Fachgesellschaften in Deutschland schließen aktive Sterbehilfe als ärztliche ultima ratio aus. Wer also öffentlich und schriftlich von der Durchführung einer solchen Maßnahme berichtet, setzt sich zwangsläufig der Kritik und Mißbilligung aus. Berichtet wird von dem Fall einer 40jährigen Patientin mit metastasiertem Mammakarzinom.

Falldarstellung

Im Dezember 1989 wurde die Erstdiagnose eines invasiv wachsenden soliden Mammakarzinoms bei der Patientin gestellt. Zunächst erfolgte die operative Therapie der Ablatio mammae. Bei mehreren Lokalrezidiven wurden bis zum Mai 1994 mehrere Operationen, Strahlen- und Chemotherapien sowie eine Hormontherapie durchgeführt. Dennoch metastasierte der Tumor weiter in die Pleuren mit Ausbildung einer Lymphangiosis carcinomatosa.
Seit Mai 1994 wurde bei bestehenden multiplen Knochenmetastasen und daraus resultierenden Schmerzen eine konsiliarische schmerztherapeutische Mitbehandlung durch die Palliativstation durchgeführt.
Im September wurde die Patientin stationär auf der Palliativstation wegen ambulant nicht mehr beherrschbarer ossär-neuropathischer Schmerzen aufgenommen. Vier Tage später kam es zu starker Dyspnoe, so daß eine supportive Therapie mit Sauerstoff durchgeführt wurde (zunächst 2l/min). Knapp vierzehn Tage später schrieb die Patientin eine Patientenverfügung, in der sie erklärte,
„bei absehbarem Lebensende keine sinnlose Verlängerung ihres Sterbeprozesses zulassen zu wollen und den Einsatz von apparativen Mitteln mit dem ausschließlichen Zweck der Sterbeverzögerung abzulehnen. Sie wünsche in dieser Situation nur noch palliative Maßnahmen und die Pflege entweder zu Hause oder im Hospiz" (Beck 1994).

Bis zum 26. September war die Steigerung des Sauerstoffes auf 10l/min notwendig. Trotzdem verursachten geringste Anstrengungen der Patientin Luftnot und Erstickungsangst.

Die Patientin fragte, wie ihr unerträglicher Zustand und die Abhängigkeit vom Sauerstoff beendet werden könnten, ohne Luftnot leiden zu müssen. Der Stationsarzt besprach mit ihr die Möglichkeit einer Analgosedierung. Bei Eintreten der Wirkung könnte der Sauerstoff reduziert werden, ohne daß ein Leidensdruck für sie entstünde.

Die Patientin erklärte dem Ehemann die Möglichkeit und bat ihn, es mit einer nahen Freundin und der Hausärztin zu besprechen.

Am folgenden Tag hatte sich die Patientin für diese Möglichkeit entschieden. Es wurde der kommende Tag als Termin für die Analgosedierung festgelegt. Sie bat darum, daß ihr Ehemann und ihre Freundin anwesend sein sollten.

Am 28.9. wurde die Analgosedierung durchgeführt, wobei nach Wirkung titriert wurde. Es wurden Diazepam und insgesamt 60 mg Morphin gegeben. Danach wurde sukzessive der Sauerstoff reduziert. Erwartungsgemäß kam es zu einer zentralen und peripheren Zyanose, jedoch ohne erkennbaren Leidensdruck der Patientin. Am 1.10. 94 verstarb die Patientin im Beisein ihrer Angehörigen.

Der behandelnde Stationsarzt hat die Situation so zusammengefaßt:

[Die] „beschriebene Patientin legte die Beendigung einer lebensverlängernden Behandlung mit hochdosiertem Sauerstoff fest und konnte so selbstbestimmt in die zeitliche Abfolge ihres Krankheitsverlaufes eingreifen. Bei intrapulmonaler Metastasierung und Lymphangiomatosis carcinomatosa war ihr die Sauerstoffbehandlung zur Dyspnoereduktion angeboten worden. Nach einigen Wochen und angesichts der Aussichtslosigkeit des Zustandes entschloß sie sich, die Behandlung beenden zu lassen und damit ihr Sterben nicht weiter hinauszuzögern. Zur Erleichterung des Sauerstoffabbruchs und Vermeidung von Dyspnoe war ihr eine Schlafinduktion angeboten worden" (Beck 1994).

Kommentar

Vom Stationsarzt ist der Verlauf der Erkrankung und die abschließende Situation als aktive Sterbehilfe geschildert worden. Auf den dringenden Wunsch einer schon im Sterbeprozeß begriffenen Patientin, die sehr unter Luftnot und der Ausweglosigkeit dieses Zustandes leidet, wird zuerst eine Minderung des Leidensdruckes durch Einleitung einer Narkose herbeigeführt und anschließend der Sauerstoff auf Null reduziert, so daß es im Verlaufe von zwei Tagen zum Tod kommt.

Man kann die beschriebene Situation allerdings auch als eine Kombination von passiver und indirekter Sterbehilfe interpretieren.

Die Patientin befand sich bereits in einem Sterbeprozeß. Darauf weisen die sich verschärfende Luftnot innerhalb von Tagen bei intrapulmonaler und pleuraler Metastasierung hin, die relativ schnell eine Erhöhung der Sauerstoffzufuhr via Hudson-Maske von 2l/min auf 10l/min nötig machten. Hier also nicht mehr mit apparativer Hilfe einzugreifen, sondern der Krankheit ihren Lauf zu lassen, stellt einen Behandlungsverzicht im Sinne einer passiven Sterbehilfe dar.

Den dabei entstehenden Leidensdruck zu mindern, ist ärztliche Pflicht. Dies geschieht üblicherweise mit Benzodiazepinen und Morphin. Den Tod möglicherweise einige Stunden, vielleicht auch einen Tag früher in Kauf zu nehmen, entspricht einer indirekten Sterbehilfe. Dabei auf den Sauerstoff zu verzichten, stellt eher einen Behandlungsverzicht im Sinne einer passiven Sterbehilfe dar.

3.1.2 Wie kann indirekte Sterbehilfe durchgeführt werden?

Falldarstellung

Berichtet wird hier von der 84jährigen Frau N., die nach Oberschenkelamputation beidseits zur postoperativen Überwachung und Behandlung auf die Intensivstation aufgenommen wurde.

Die Patientin litt seit vielen Jahren an einer peripheren Verschlußkrankheit beider Beine und wurde zunächst konservativ, dann 1997 auch operativ mit einem Gefäßbypass an beiden Beinen behandelt (Femoropopliteealer Bypass).

Im Januar 2000 wurde sie mit Unterschenkelgangränen beidseits und Schmerzen stationär aufgenommen. Eine am 15.1. durchgeführte Arteriographie beider Becken- und Beingefäße zeigte einen kompletten Verschluß des Bypasses beidseits sowie einen Verschluß der Arteria femoris superficialis beidseits. Sämtliche weiteren originären Gefäße der Ober- und Unterschenkel waren ebenfalls verschlossen.

An Vorerkrankungen bestanden eine Herzinsuffizienz NYHA °IV mit einer Ejektionsfraktion von 10%, arterielle und pulmonalarterielle Hypertonie, Diabetes mellitus, eine dekompensierte Niereninsuffizienz, ausgeprägte Pleuraergüsse beidseits und eine Mitralinsuffizienz Grad III.
Die Abteilung für Gefäßchirurgie hatte angesichts des Befundes keine Operationsindikation mehr gestellt, die Abteilung für Orthopäde entschloß sich zur Oberschenkelamputation beidseits. Intraoperativ wurde am 18.1. bereits Suprarenin zur Aufrechterhaltung eines Kreislaufes benötigt. Kreislaufinstabil wurde sie auf die Intensivstation übernommen.

Angesichts der Vorerkrankungen und der intraoperativen Katecholaminpflichtigkeit, sowie der Konsequenzen der Operation wurde aus medizinischer Sicht auf eine Maximaltherapie verzichtet. Die Angehörigen, drei Töchter und eine Enkelin, wurden dementsprechend unterrichtet und konnten bei ihr bleiben.

Die Katecholamintherapie wurde beendet und eine Morphingabe zur Linderung der auftretenden Luftnot begonnen. Die Luftnot war bedingt durch die dekompensierende Herzinsuffizienz und daraus resultierendem Lungenödem und den vorbestehenden Pleuraergüssen beidseits. Das Morphin diente gleichzeitig der postoperativen Schmerztherapie. Eine Dosierung von 9.6 mg/h erwies sich als ausreichend, um eine Streßreaktion bei der Patientin zu vermeiden.

Sie verstarb am 19.1. in den frühen Morgenstunden im Beisein ihrer Angehörigen.

Kommentar

Auch in diesem Fall liegt im Grunde eine Kombination aus passiver und indirekter Sterbehilfe vor. Die Patientin befand sich bereits während der Operation in einem vital bedrohten, instabilen Zustand. Die Gesamtsituation wurde als medizinisch aussichtslos eingestuft.

Von der Einordnung her handelt es sich um einen Verzicht einer Therapie mit Beatmung und Katecholaminen, was als passive Sterbehilfe gilt. Indirekte Sterbehilfe wurde insofern geleistet, da eine Minderung der Luftnot und die postoperative Schmerztherapie durch Gabe von Morphin durchgeführt wurde. Auch hierbei wurde ein möglicherweise etwas früher eintretender Tod durch Minderung des Atemantriebes in Kauf genommen.

3.1.3 Wie kann passive Sterbehilfe durchgeführt werden?

Es werden zwei Beispiele genannt, einen sehr kurzen Krankheitsverlauf auf der Intensivstation und einen längeren.

1. Falldarstellung

Erstes Beispiel ist eine 89jährige Patientin, die sich wegen starker Rückenschmerzen in der orthopädischen Ambulanz vorstellte. Es konnte zunächst ein Kniegelenkserguß rechts sowie eine Druckschmerzhaftigkeit über der Lendenwirbelsäule festgestellt werden. Wegen des Alters der Patientin und des Schweregrades der Beschwerden wurde sie stationär aufgenommen. Im Verlaufe des nächsten Vormittages zeigte sich eine deutliche Vigilanzverschlechterung, nachfolgend auch zunehmende Kreislaufprobleme, so daß die Patientin auf die Intensivstation verlegt wurde.

Die über den bisherigen Verlauf gut informierte Tochter war erschrocken über die rasche Verschlechterung des Befindens ihrer Mutter, sagte jedoch, daß ihre Mutter nicht gewünscht habe, in so hohem Alter bei einer schweren Erkrankung und womöglich schlechten Prognose sich noch einer Intensivtherapie zu unterziehen. Bei dekompensierter Niereninsuffizienz, bekannter Herzin-suffizienz mit Klappenvitium und deutlich erhöhten Entzündungsparametern, einem unauffäligem CCT, aber zunehmendem Meningismus, wurde zunächst eine niedrigdosierte Katecholamintherapie durchgeführt und eine empirische Antibiotikatherapie angesetzt. Von einer Respiratortherapie wurde abgesehen und weiter zugewartet. Es trat eine deutliche Verschlechterung von Vigilanz, Kreislauf und Atmung im Verlaufe des Nachmittages ein. Die Tochter bekräftigte noch einmal den Wunsch der Mutter, keine invasive Intensivtherapie haben zu wollen. Die

Antibiotikatherapie wurde nicht durchgeführt, wohl aber eine Lumbalpunktion zur Diagnosesicherung. Der Kollege von der Neurologie brachte in der Nacht den positiven Nachweis einer bakteriellen Meningitis und empfahl eine differenzierte Antibiotikatherapie unter Hinzuziehung der Abteilung für Hygiene. Nach Rücksprache mit dem zuständigen Oberarzt der Intensivstation wurde von einer weiteren Therapie abgesehen.

Die Dyspnoe und Streßreaktion der Patientin ließen sich zunächst mit Morphin-Boli lindern, später wurde ein Morphin-Perfusor mit 4 mg/h angesetzt.

Die Tochter erkundigte sich in der Nacht nach dem Befinden der Mutter. Sie wurde über die gesicherte Diagnose und die schlechte Prognose informiert. Noch einmal wurde von ihr die Entscheidung zur Therapiebegrenzung bekräftigt. Am nächsten Morgen kam die Tochter und blieb bis zum Tod der Mutter am späten Vormittag am Bett.

2. Falldarstellung

Zweites Beispiel ist Herr F., der aus einem peripheren Krankenhaus auf die Intensivstation verlegt wurde. Er wurde primär wegen Ruhe- und Bewegungsschmerz im linken Bein bei bekannter peripherer arterieller Verschlußkrankheit in dem auswärtigen Krankenhaus behandelt. Unter dem Verdacht auf eine Embolisation der A. iliaca externa links, wurde zunächst eine Lysetherapie geplant, von der aber abgesehen wurde, nachdem ein infrarenales Bauchaortenaneurysma mit mehr als 5 cm Durchmesser sonographisch festgestellt wurde. Es erfolgte die Vorbereitung zur operativen Versorgung des BAA, die am 20.9. durchgeführt wurde. Der postoperative Verlauf war zunächst unauffällig, jedoch kam es dann zu einer Zunahme des Bauchumfanges. Nach Punktion des Ascites wurde ein Chylaskos diagnostiziert. Es erfolgte zunächst eine weitere Punktion zur Verringerung des Chylaskos und eine konservative Therapie mit Nahrungskarenz und parenteraler Ernährung. Über eine Bauchdrainage wurden täglich 2 Liter Chylaskos entleert. Bei gleichbleibender Klinik wurde am 23.11. eine operative Revision des Chylaskos durchgeführt. Postoperativ kam es dann zu einer respiratorischen Insuffizienz und einem akuten Nierenversagen.

Herr F. wurde am 26.11. auf die Intensivstation der Universitätsklinik Göttingen verlegt. Bei Aufnahme des Patienten zeigte sich eine septisch-hypodyname Kreislaufsituation mit low-cardiac-output-syndrome. Selbst unter kontinuierlicher Katecholamintherapie gelang es zunächst nicht, einen suffizienten Kreislauf herzustellen, so daß Suprareningaben als Bolus im Sinne einer protrahierten Reanimation notwendig wurden. Nach Negativbilanzierung durch CVVHD gelang es, die septische Kardiomyopathie positiv zu beeinflussen, so daß unter hohen Katecholamindosen zumindest eine Stabilisierung zu erreichen war.

Insgesamt bot sich das Bild eines Multiorganversagens bei Sepsis. Bereits im auswärtigen Krankenhaus hatte der Patient Thrombosen der Vv. Subclavia, axillaris und anonyma rechts entwickelt, die eine Katheterisierung der Gefäße für die Intensivtherapie erschwerten. Im weiteren Verlauf thrombosierten auch noch die V. jug. interna rechts und links zu.

Eine breite Anibiotikatherapie führte nicht zu der angestrebten Besserung der Sepsis. Bei Nachweis von Candida in der Blutkultur wurden zusätzlich Antimykotika verabreicht, die aber ebenso am Verlauf nichts veränderten. Der Patient blieb weiter katecholaminpflichtig und entwickelte schließlich ein Leberversagen mit metabolisch-toxischer Enzephalopathie.

Nach ausführlichen Gesprächen mit der Familie wurde die Therapie bei erneuter Verschlechterung der Kreislaufsituation nicht mehr erweitert, so daß der Patient am 10.12. 99 im Herzkreislaufversagen verstarb.

Kommentar zu beiden Falldarstellungen

Beispiel eins zeigt den klassischen Verlauf eines Therapieverzichts nach dem geäußerten Willen der Patientin. In diesem Fall trafen die medizinische Indikation, bei sehr schlechter Prognose für eine Patientin die Therapie nicht ausweiten zu wollen, der Wunsch der Patientin und die Haltung der Angehörigen zusammen. Dabei ergab sich insgesamt ein Sterbeverlauf, der für alle Beteiligten gut zu tragen war. Wir Ärzte konnten mit einer gefaßten Tochter sprechen, die Patientin hatte ihre Wünsche geäußert und wir konnten so dem Willen entsprechen. Einzige wirkliche Anfechtung war in der Nacht der jugendliche Enthusiasmus des Kollegen von der Neurologie, der eine bakterielle Meningitis nachgewiesen hatte und zunächst überhaupt nicht verstehen konnte, warum wir keine Behandlung durchführen wollten.

Es waren mehrere Telefonate zu nachtschlafender Zeit notwendig, um auch ihn von der Vernünftigkeit eines Behandlungsverzichtes zu überzeugen. Die Tochter dankte allen Beteiligten im nachhinein noch einmal ausdrücklich für die gute und angemessene Betreuung ihrer Mutter, dafür, daß sie habe in Ruhe sterben dürfen.

Das zweite Beispiel ist ein ebenso typischer Fall für einen letalen Verlauf im Rahmen moderner Hochleistungsmedizin. Der Patient entwickelte nach einer zwar risikoreichen, aber in vielen Krankenhäusern routinemäßig durchgeführten BAA-Operation die sehr seltene Komplikation eines Chylaskos, die nach konservativem Therapieversuch operativ revidiert werden mußte und dann zum Bild eines letztlich therapierefraktären Multiorganversagens bei Candidasepsis führte. Übernahme des Patienten in reanimationsbedürftigem Zustand, dann leichte

Stabilisierung unter Katecholamintherapie und invasivem Monitoring, Nierenersatztherapie, Respiratortherapie, parenteraler Ernährung und Antibiotikatherapie. Alle Maßnahme führen zu keiner deutlichen Besserung. Es kam im Verlauf noch zusätzlich zu einem Leberversagen, so daß nach drei Wochen die Entscheidung getroffen wurde, die Therapie nicht mehr weiter zu intensivieren. Es handelte sich um eine Therapiebegrenzung auf hohem Niveau, die angesichts des instabilen Kreislaufzustandes einer Therapiebeendigung gleichkam.

Regelmäßige Gespräche mit den Angehörigen über den Verlauf und die jeweiligen diagnostischen Ergebnisse führten zu einer guten Zusammenarbeit und schließlich auch dem Verständnis von ihrer Seite, daß Therapiebegrenzung geboten war.

3.1.4 Wie kann Sterbebegleitung durchgeführt werden?

Sterbebegleitung ist wie jeder Krankheitsverlauf sehr individuell. Hier wird ein Beispiel erzählt, das nicht in dem Sinne beispielhaft ist, wie ein gutes Sterben im landläufigen Sinne ablaufen sollte, sondern wie kompliziert dies manchmal sein kann. Es zeigt wie unberechenbar die beteiligten Menschen handeln können und was eine enge ärztliche Zusammenarbeit dabei ausmachen kann.

Falldarstellung

Berichtet wird über Herrn L., einen 75jährigen Patienten, der an einem mediastinal und pleural manifestierten inflammatorischen myofibroblastischen Tumor mit niedrigmalignem Potential litt. Der Tumor war im Oktober 1998 erstmalig diagnostiziert worden. Im Sommer 1999 war eine Strahlentherapie durchgeführt worden. Eine Wiedervorstellung in der Strahlentherapie war erst in drei Monaten vorgesehen. Seit Herbst war er zusätzlich zur Einstellung der Schmerztherapie in der Schmerzambulanz der Universitätsklinik vorstellig geworden. Von dort wurde er Anfang Dezember 1999 an das SUPPORT-Projekt[2] weitervermittelt. Im Dezember wurde er wegen auftretender Dyspnoe und Diagnostizierung einer Strahlenpneumonitis stationär in die innere Medizin aufgenommen. In wesentlich gebessertem Zustand wurde er Ende Dezember nach Hause entlassen werden. Im Januar 2000 kam es dann bei inzwischen erfolgter Infiltration der Hauptbronchien zu Dyspnoe.

---

[2] Modellmaßnahme SUPPORT der Ärztekammer Niedersachsen gefördert seit 1996 vom Bundesgesundheitsministerium. Ziel des Projektes ist die Verbesserung der palliativmedizinischen Versorgung von terminal kranken Patienten in der Region Südniedersachsen durch ärztliche Qualitätszirkel und die Etablierung sogenannter Palliative-Care-Teams.

Die Hausärztin besprach mit der Ehefrau eine häusliche Sauerstofftherapie und die künftige pflegerische Situation; auch die Möglichkeit eines Hospizaufenthaltes wurde angesprochen, wohl aber nicht weiterverfolgt.

Von den Kollegen des SUPPORT-Projektes wurde der Patient jeden Tag bis jeden dritten Tag zu Hause besucht oder zumindest telefonisch kontaktiert. Je nach körperlicher und seelischer Befindlichkeit wurde die Medikation aktuell angepaßt. Der Aktionsradius des Patienten schränkte sich in diesen Wochen kontinuierlich weiter ein. Es erfolgte auf seinen dringenden Wunsch hin ab Mitte Januar noch ein Aufenthalt in einer Kurklinik, den er jedoch nicht zu Anwendungen nutzen konnte, weil er wegen der Dyspnoe nur auf der Akutstation lag. Ende Januar erfolgte die Rückreise auf eigenen Wunsch des Patienten.

Am Wochenende des 5. Februar fand die betreuende Kollegin von SUPPORT den Patienten nicht mehr ansprechbar, jedoch sichtlich dyspnoisch zu Hause vor. Es erfolgte die Anlage eines Haldol-Dormicum-Morphinperfusors subcutan, der zu einer Linderung der subjektiven Dyspnoe führte.

Die Kollegin erklärte der Ehefrau, daß es sehr wahrscheinlich an diesem Wochenende zum Eintreten des Todes kommen würde. Sie selbst würde sich weiter melden und vorbeikommen, bei Schwierigkeiten oder Ängsten seitens der Ehefrau sollte sie die jederzeit erreichbare SUPPORT-Nummer wählen.

In der Nacht vom 5. auf den 6. Februar rief die Ehefrau bei weiterer Befundverschlechterung nicht die SUPPORT-Handynummer an, sondern die Feuerwehrleitstelle und damit den Notarzt. Der Notarzt fand vor Ort einen respiratorisch insuffizienten Patienten, den er bei unzureichender Informationslage umgehend intubierte und dann intubiert, beatmet und sediert auf die Intensivstation brachte. Im Verlaufe der Nacht konnten alle wichtigen Informationen über die Grunderkrankung, das Erkrankungsstadium und die Prognose sowie die häusliche Situation gesammelt werden. Die Ehefrau wurde von der Kollegin und der Hausärztin als schwer zugänglich, sehr verschlossen beschrieben. Man müsse sich gesondert um sie kümmern.

Nach Rücksprache mit dem zuständigen Oberarzt der Intensivstation und der Kollegin vom SUPPORT-Projekt wurde Herr L. am Vormittag des 6.2.2000 extubiert. Als Überwachung lief lediglich das EKG ohne Alarmanzeige. Die Ehefrau war von dem Vorhaben informiert worden und gebeten worden, ins Krankenhaus zu kommen. Nach der Extubation kam sie und wurde noch einmal über das Vorgehen informiert. Sie könne am Bett sitzen bleiben und ihn auch gern an der Hand halten. Wenn irgend etwas sein sollte, möge sie einen Mitarbeiter ansprechen. Die Ehefrau wirkte nicht ganz bei sich. Der Patient verstarb mittags in einem Einzelzimmer der Station vermutlich im Beisein der Ehefrau. Kurz vor zwölf Uhr wurde von einem Pfleger die Nullinie im EKG entdeckt. Die Ehefrau war nicht mehr da.

Nach Feststellung des Todes informierte die Stationsärztin die Kollegin vom SUPPORT-Projekt über den Tod des Patienten und berichtete auch vom plötzlichen Verschwinden Ehefrau.

Vier Tage später rief die Ehefrau gegen Mittag auf der Station an und erkundigte sich beim Oberarzt, wie es denn ihrem Mann ginge. Daraufhin erklärte ihr der Kollege verwundert, daß ihr Ehemann am Sonntag verstorben sei. Es wurden noch einmal die Kollegen des SUPPORT-Projektes informiert und angefragt, was sich mit der Ehefrau ereignet habe.

Kommentar

Dieser Fall zeigt deutlich, wie schwer es für Angehörige sein kann, einen sterbenskranken Verwandten, vielleicht noch sehr geliebten Menschen zu Hause zu haben und auch das Sterben selbst zu begleiten.

Es ist kaum mehr eine bessere Zusammenarbeit von Klinikärzten, Notarzt und außen tätigen Kollegen einschließlich der Hausärztin denkbar als im vorliegenden Fall. Fast alle Kollegen kannten sich persönlich durch gemeinsame Arbeit. Trotz eines optimalen Angebotes an Krankheits- und Sterbebegleitung können Menschen dies nicht immer so annehmen, wie es gedacht ist. Diese Ehefrau war mit der Situation nachts zu Hause überfordert und hat sich die dafür notwendige Hilfe geholt. Und sie hat eine Atempause im Prozeß des Sterbens erwirkt. Als sie die Situation nicht mehr aushielt, hat sie nicht die Telefonnummer angerufen, die ihren Mann beim Sterben begleitet hat, sondern die Telefonnummer, die normalerweise Rettung vor Lebensgefahr verheißt: die 112. Der gesamte Verlauf hat an der Unabänderlichkeit des Geschehens nichts geändert. Aber es hat dem Sterben ihres Mannes den wohl für sie notwendigen Rahmen und einen Aufschub gegeben.

Die Ehefrau konnte damit die für sie wohl unerträgliche Verantwortung der Sterbebegleitung abgeben und sogar die Erkenntnis, daß ihr Mann nun gestorben war, noch einige Tage hinauszögern

3.2 Haltung von Ärzten in Europa gegenüber der Sterbehilfe

Es hat in den vergangenen sechs Jahren mehrere Studien in einzelnen europäischen Ländern gegeben, die Aufschluß über die Meinung von Ärzten über Sterbehilfe bringen sollte und Zahlen über die tatsächliche Handhabung des Problems zutage fördern sollten. Die beiden 1998 und 1999 in Deutschland durchgeführten Studien werden unter Kapitel 5. 3. besprochen, die sehr differenzierten Untersuchungen der Holländer von 1990 und 1995 in Kapitel 4.2.

Aktive Sterbehilfe ist bis auf die Niederlande in allen untersuchten Ländern verboten, daher ist es außerordentlich schwierig, verläßliche Zahlen zu bekommen, die Aufschluß über die tatsächliche Handhabung dieses Problems in der ärztlichen Praxis geben.

Ziel der britischen 1994 von Ward und Tate veröffentlichten Studie war es, „to explore NHS doctor's attitudes to competent patient's requests for euthanasia and to estimate the proportion of doctor's who have taken active steps to hasten a patient's death." Dabei gaben 32% der befragten Ärzte, die von ihren Patienten um Sterbehilfe gebeten worden waren, an, diesem Wunsch entgegen der Rechtslage in Großbritannien entsprochen zu haben. Passive Sterbehilfe durch Unterlassen einer Therapie auf Wunsch des Patienten war nach den Angaben dieser Studie weitgehend akzeptiert. Von den beiden Autoren wurde dies im Zusammenhang mit dem inzwischen gewachsenen Respekt vor der Autonomie der Patienten interpretiert.

46% der befragten Ärzte würden auf Wunsch des Patienten aktive Sterbehilfe durchführen, wenn es gesetzlich erlaubt wäre. Insgesamt stellten die Autoren einen großen Diskussionsbedarf zum Thema fest.

Die von Folker et al. 1996 in Dänemark durchgeführte Studie ging in ihrer Fragestellung weiter. Sie versuchte herauszufinden, wie oft welche Entscheidungen am Lebensende eines Patienten mit welchen moralischen Grundprinzipien getroffen werden.

Ergebnisse waren, daß passive und indirekte Sterbehilfe auch ohne Einwilligung des Patienten von 50% der befragten Ärzte akzeptiert wurde. Zwischen 30 und 40% fanden ärztlich assistierten Suizid und aktive Sterbehilfe moralisch akzeptabel. Insgesamt zeigte sich, daß der weitaus größte Teil der befragten Ärzte bereits einmal Entscheidungen getroffen hatte, die das Leben eines Patienten verkürzt hatten. Allerdings wurden solche Entscheidungen meistens mit dem Einverständnis des Patienten getroffen.

In Zusammenhang mit einer allgemeinen Befragung zu Gesundheitszustand und Arbeitszufriedenheit bei norwegischen Ärzten fragten Förde et al. 1997 auch nach der Haltung der Ärzte zur Sterbehilfe. Dabei zeigte sich, daß die norwegischen Kollegen der Sterbehilfe sehr zurückhaltend gegenüberstehen und kaum praktische Erfahrung damit angegeben wurden. Nur 6% der Befragten gaben an, aktive Sterbehilfe durchgeführt zu haben. Onkologen, die häufig terminal Kranke betreuen, waren in ihrer Haltung zur Sterbehilfe weit zurückhaltender als z.B. Laborärzte. 17% der befragten norwegischen Ärzte gaben an, daß ein Arzt einem terminal kranken Menschen, der unter nicht zu bekämpfenden Schmerzen leidet, auf seinen Wunsch hin aktive Sterbehilfe leisten können sollte (vgl. Tab 6).

1999 wurde eine von Grassi et al. in Ferrara durchgeführte Studie zu Entscheidungen am Lebensende veröffentlicht. Es wurden 148 Ärzte des Universitätsklinikums und 182 niedergelassene Allgemeinärzte befragt. Es wurde ein Fragebogen verschickt, der eine relativ hohe Rücklaufquote hatte. 8,8% der befragten Ärzte gaben an, eine Bitte um aktive Sterbehilfe erhalten zu haben, 3,1% eine bitte um ärztlichen Beistand beim Suizid. 29,8% haben die Bitte um Therapiebegrenzung oder -abbruch von ihren Patienten erhalten. Dabei billigen 19,9% aktive Sterbehilfe und ärztliche Hilfe beim Suizid in auswegloser Lage, 79,4% billigen die Bitte um Therapiebegrenzung. 88,6% gaben an, indirekte Sterbehilfe durchgeführt zu haben (Grassi et al. 1999).

Im Dezember 2000 erschien die bislang neueste Befragung von Ärzten zur Sterbehilfe in Belgien. Die belgische Studie lehnt sich methodisch eng an die niederländischen an, die 1990 und 1995 in den Niederlanden durchgeführt worden sind (vgl. 4.2). Ziel war es, die Häufigkeit aktiver Sterbehilfe, ärztlich assistierten Suizids und anderer Entscheidungen am Lebensende herauszufinden.
Es gab einige interessante demographische Ergebnisse:

„Euthanasia (including PAS[3]) is practised most often in patients: with a high educational level; with cancer; and at home. Ending of life without the patient's explicit request is practised most often on divorced and cancer patients. Alleviation of pain and symptoms with a potential life shortening effect is practised most often on patients: with a high educational level; who are married; and who have cancer. Non-treatment decisions are practised most often on: people older than 80 years; those with a low educational level; and patients dying in a hospital or a nursing home; but less often in patients with cardiovascular disease" (Deliens et al. 2000, S. 1808).

---

[3] Anm. der Verfasserin: PAS = Physician assisted suicide

Die Autoren schätzen ihre Daten als richtig ein, eher noch etwas zu niedrig. Bei der Erforschung von sozial unerwünschtem Verhalten wie der aktiven Sterbehilfe werde die Häufigkeit eher unter- als überschätzt (Deliens et al. 2000).

	Niederlande 1990	**Niederlande 1995**	**Flandern 1998**
Alle Todesfälle	128.786	135.546	56.354
aktive Sterbehilfe (%)	1,7	2,4	1,1
ärztlich assistierter Suizid (%)	0,2	0,2	0,1
Lebensbeendigung ohne ausdrücklichen Wunsch des Patienten (%)	0,8	0,7	3,2
indirekte Sterbehilfe (%)	18,8	19,1	18,5
passive Sterbehilfe (%)	17,9	20,2	16,4
Alle Todesfälle mit ELD (end-of-life-decision) (%)	39,4	42,6	39,3

Tab 5: Geschätzte Häufigkeit von End-of-life-decisions in den Niederlanden und Flandern (modifiziert nach Deliens et al. 2000, S. 1810)

Bei der Interpretation der Zahlen muß die unterschiedliche Intention der Fragenden berücksichtigt werden. Die Niederländer führten Studien durch, um die Akzeptanz ihrer „Meldeprozedur Euthanasie“ zu prüfen (vgl. Kap. 4.2). Methodisch haben sich die Belgier in ihrer flandrischen Studie eng an die Niederländer angelehnt. Ziel war es, generell einen Überblick über die Häufigkeit von Entscheidungen am Lebensende in Flandern zu erhalten und dabei eine Vergleichbarkeit mit dem Nachbarland zu gewährleisten.

Die deutsche Studie von Wehkamp (vgl. Kap. 5.3.1) wurde von einer Zeitschrift in Auftrag gegeben, die norwegische enthielt mit einem völlig anderen Schwerpunkt lediglich zwei Fragen zur Haltung zur Sterbehilfe, und die dänische ist in ihrer Fragestellung sehr allgemein gehalten. Am ehesten läßt sich noch die deutsche Studie von Wehkamp 1998 mit der englischen von Ward und Tate 1994 vergleichen, wobei Wehkamp differenzierter seine Klientel angibt und nicht nur Fragebögen verteilt, sondern auch teilweise sehr zeitintensive Interviews geführt hat, auf denen im wesentlichen seine kritische Haltung den eigenen Zahlen gegenüber beruht.

In der italienischen Studie wurden Klinikärzte und Allgemeinärzte zu ihrer Haltung in bezug auf die verschiedenen Sterbehilfeformen, zur Legalisierung von Sterbehilfe und ärztlich assistiertem Suizid und ihrer Meinung zu den Zusammenhängen von Sterbehilfe und Palliativmedizin (Grassi et al. 1999). Es wurden keine Fragen gestellt, ob die einzelnen Ärzte selbst schon aktive Sterbehilfe durchgeführt hätten, sondern lediglich ein Meinungsbild zu den Formen der

Sterbehilfe und der Wertigkeit von Palliativmedizin erstellt. Dabei zeigte sich, daß 89 % der befragten Ärzte indirekte Sterbehilfe akzeptabel fanden, 32% waren der Ansicht, daß ärztlich assistierter Suizid legalisiert werden sollte, immerhin 27% der Ärzte befürworteten eine Legalisierung aktiver Sterbehilfe auf Wunsch des Patienten oder seiner Familie.

Land	Haben aktive Sterbehilfe durchgeführt (%)	Würden aktive Sterbehilfe durchführen, wenn es erlaubt wäre (%)	Wurden um aktive Sterbehilfe gebeten (%)	Wurden um aktive Sterbehilfe gebeten und haben abgelehnt (%)
Dänemark 1996	13	32	--	--
Norwegen 1997	6	17	--	--
England 1994	32	46	45	68
Deutschland 1998	0,8	--	54,4	70,8

Tab. 6: Zahlen zur aktiven Sterbehilfe in Europa (modifiziert nach Wernstedt et al. 2000, S. 229)

Insgesamt sind die Intention der Befragung, die Art der Fragestellung, die Zahl und Art der Befragten und die verwendeten Befragungsmethoden zu unterschiedlich, um einen genauen Zahlenvergleich anstellen zu können (vgl. Tab. 5 und 15).

Die niederländischen Studien wurden hier nicht mit aufgeführt, weil die rechtliche Lage dort eine anders ist (vgl. hierzu Kapitel 4).

3.3 Richtlinien ärztlicher Standesvertretungen in Europa

In Kapitel 2 über die Grundfragen, die sich zum Thema Sterbehilfe ergeben, wurde bereits deutlich, daß philosophische und theologische Antworten auf Fragen der Sterbehilfe nicht unbedingt in der praktischen Handhabung des Problems weiterhelfen und der gesetzliche Rahmen, in dem wir uns bewegen, eigentlich zu eng gesteckt ist. Die Rechtsprechung orientiert sich allerdings nicht nur an den bestehenden Gesetzen, sondern in Sachlagen wie der Sterbehilfe auch daran, was die Standesvertretungen für erlaubt halten. Dementsprechend ist die Kenntnis der Stellungnahmen der Standesvertretungen der Ärzte oder stellvertretend der Gesundheitsbehörden eines Landes wichtig für das Verständnis der Rechtsprechung.

Die Entwicklung der Standesrichtlinien zur Begleitung von Sterbenden für Deutschland und die Niederlande sind in den Kapiteln 4 und 5 genauer dargestellt.

3.3.1 Skandinavien

Dänemark, Norwegen und Schweden haben keine eigenen Richtlinien der Ärztekammern zum Umgang mit der Sterbehilfe erstellt. Es wurde aber von den *Nordic Medical Associations* 1998 eine gemeinsame Erklärung als *Nordic Medical Council* zum Thema Euthanasie veröffentlicht:

„The Nordic medical associations respect and appreciate the principle of patient's right to decide for themselves if they will submit to treatment and choose between several different treatments.
However, the respect for human rights should not lead to the fact that actions are put on doctors which are in conflict with the fundamental medical-ethical principles, to which doctors in the Nordic countries feel committed.
Therefore, the Nordic medical associations would like to warn the governments of the Nordic countries against introducing the right to euthanasia in the Nordic countries" (Nordic Medical Council 1998).

Norwegen

Anfang der 80er Jahre wurde vom norwegischen Gesundheitsministerium ein Untersuchungsausschuß damit beauftragt, einen Bericht über die „Pflege und Betreuung ernstlich kranker und sterbender Menschen" anzufertigen. In diesem Bericht kommt der Ausschuß zu den Schlußfolgerungen, daß aktive Sterbehilfe nicht akzeptabel ist, sowohl nach dem Recht als auch nach allgemeinen moralischen Prinzipien, gleichgültig welche Motive hinter einer solchen Tat stehen mögen (Cornils 1991 b, S. 542).

Behandlungsverzicht ist gestattet, um einem Menschen noch einen sinnvollen Lebensabschluß zu ermöglichen, dabei kann sich die Aufmerksamkeit auf Pflege und Linderung von Beschwerden konzentrieren. Patiententestamente gelten nach diesem Bericht juristisch nicht als verpflichtend, jedoch als ein Hinweis für die behandelnden Ärzte in solch schwierigen Entscheidungssituationen.

1997 wurde eine revidierte Fassung des „Code of ethics for doctors" von der Norwegian Medical Association verabschiedet. Paragraph 5 des ersten Absatzes „general provisions" erteilt der aktiven Sterbehilfe und dem ärztlich assisitierten Suizid eine klare Absage:

„A doctor must when a patient's life is ending show respect for the patient's right of self-determination. Active euthanasia, i.e. measures intended to hasten a patient's death, must not be engaged in. A doctor must not help a patient to commit suicide. To terminate or to refrain from initiating treatment which is of no avail is not considered active euthanasia" (Norwegian Medical Assoc. 1997, S. 1).

Schweden

Die schwedische Sozialverwaltung hat 1969 in einer Presseerklärung bekundet, daß

„in den Fällen, da der Tod als unmittelbare Folge des Krankheitszustandes mit Sicherheit zu erwarten ist und eine lebenserhaltende Behandlung keine andere Wirkung hat als ein kurzfristiges Hinausschieben des Todeszeitpunktes, kann es nicht als falsch bezeichnet werden, in einer solchen Situation die Behandlung abzubrechen ..." (Cornils 1991 c, S. 550).

In Schweden wird also seit Ende der 60er Jahre ausdrücklich die passive Sterbehilfe toleriert.

Dänemark

Die dänische Gesundheitsverwaltung hat 1986 eine Pressemitteilung herausgegeben, die die passive und indirekte Sterbehilfe ausdrücklich gestattet, wobei darauf hingewiesen wird, daß dabei den Wünschen des Patienten zu entsprechen ist und die Angehörigen über den Verlauf der Behandlung gut zu informieren sind.

Der Danish Council of Ethics hat 1997 einen Bericht zum Diskussionstand über die Legalisierung der aktiven Sterbehilfe veröffentlicht. Darin wird das Selbstbestimmungsrecht des Patienten betont, sowie die Notwendigkeit, die medizinischen Möglichkeiten der Palliativmedizin und -pflege weiter auszudehnen. Die große Mehrheit des Ethikrates hält es für möglich, durch eine flächendeckende und gute Palliativmedizin den Wunsch nach aktiver Sterbehilfe von Seiten der Patienten her überflüssig zu machen. Zur passiven Sterbehilfe formuliert der Rat sogar: *„Doctors have an effective right - and in some cases a duty - to provide passive euthanasia and hence to be indirectly instrumental in shortening the patient's life" (Staerbo 1997, S. 6).*

Von 17 Mitgliedern im Ethikrat waren 16 der Ansicht, daß aktive Sterbehilfe wie bislang verboten bleiben solle, ein Mitglied war prinzipiell der Überzeugung, daß aktive Sterbehilfe als Sonderfall gesetzlich legalisiert werden sollte.

3.3.2 Frankreich

In Frankreich gibt es einen staatlich verordneten Verhaltenskodex für Ärzte, den *Code de deontologie medicale*. Er wird nicht von der französischen Ärztekammer, dem „Conseil de l'Ordre des médecins" herausgegeben, sondern von der staatlichen Gesundheitsbehörde. Lediglich der Kommentar zu diesen Regeln wird von der Ärztekammer bearbeitet und verabschiedet. Dieser Kommentar wurde erstmals 1981 erstellt, dann 1987 ergänzt (Spaniol 1991). Bis 1987 wurde in Artikel 20 des *Code de deontologie medicale* die aktive Sterbehilfe abgelehnt, in Artikel 7 wurde ausdrücklich darauf hingewiesen, daß der Wille des Kranken zu berücksichtigen sei (Spaniol 1991).

Die neuste Version des *Code de deontologie medicale* nimmt in den Artikeln 37 und 38 Bezug auf Endstadien von Krankheiten und aktive Sterbehilfe. Im §37 wird ausgeführt, daß ein Arzt die Leiden eines Kranken unter allen Umständen zu lindern habe. Außerdem habe er ihm auch seelisch beizustehen. Unvernünftige, ausufernde Diagnostik und Therapie habe dabei zu unterbleiben.

In dem recht blumig formulierten Kommentar wird explizit auf eine ausreichende Schmerz- und Symptomtherapie von sterbenskranken Menschen hingewiesen, außerdem auf eine gute Begleitung der Angehörigen. Bei der Entscheidung, welche Therapie oder Diagnostik zu machen sei, soll der Wille und die Freiheit des Patienten berücksichtigt werden. Der Arzt hat sich von allen unvernünftigen Maßnahmen fernzuhalten.

Ausführlich wird die entscheidende Rolle einer guten Palliativmedizin beschrieben, die seit Anfang der 80er Jahre in Frankreich angeboten wird (Ordre national 1998).

Im Artikel 38 wird ausgeführt, daß der Arzt seinen Patienten bis zum Tode zu begleiten habe, daß er sich um Lebensqualität bis zum Schluß bemühen solle und die Würde des Kranken schützen solle. Ebenso müsse er für die Begleitung der Angehörigen sorgen. Er hat nicht das Recht, den Tod eines Kranken absichtlich herbeizuführen.

Auch in diesem Kommentar wird betont, daß der Arzt eine gute Sterbebegleitung durchzuführen habe, wozu auch eine seelische Begleitung des Kranken gehört, dem vorsichtig bei der Sinnfindung und Bewältigung seiner Krankheit und seines Sterbens geholfen werden müsse, neben allen selbstverständlichen medizinischen Maßnahmen zur Leidens- und Schmerzlinderung. Der Arzt wird als der „letzte Freund" eines Kranken beschrieben. Aufklärung habe nach den Bedürfnissen des Kranken zu geschehen. Anzustreben sei eine gleichberechtigte Kooperation zwischen Arzt und Patient.

Interessanterweise erscheint das Wort Euthanasie nur als Beschreibung der aktiven Euthanasie und wird im Text nur dreimal benutzt. Aktive Sterbehilfe wird als rechtlich und standesethisch unzulässig zurückgewiesen.

Die Befürworter aktiver Sterbehilfe argumentieren, daß der Freiheit und dem Willen von Menschen, sterben zu wollen, stattgegeben werden muß und daß die Angst vor Würdeverlust zu respektieren sei. Die Argumente werden zurückgewiesen mit der Aussage, daß dieses die „Auslöschung des Patienten aus Mitleid" bedeute. Auch der Vorschlag der Befürworter aktiver Sterbehilfe, beim Wunsch eines Patienten nach aktiver Sterbehilfe eine Expertenkommission zu bilden, die über den Wunsch entscheidet, wird mit dem Verweis auf die ärztliche Standesethik und die europäische Konvention der Menschenrechte zurückgewiesen.

In den abschließenden Ausführungen wird das beständige ärztliche Dilemma beschrieben, zwischen einem ernsthaften Todeswunsch eines Schwerkranken und dem Hilfeschrei nach mehr Betreuung und Verständnis eines quasi Suizidalen zu unterscheiden, und es damit eventuell durch eine gute Palliativtherapie zu ermöglichen, daß todkranke Menschen ihr Leben sinnerfüllt und ohne die Angst, zur Last zu fallen, zu Ende leben können.

Es wird noch das Argument erwähnt, daß das Vertrauen in die Ärzteschaft Schaden nehmen würde, wenn Kranke und Behinderte bei jeder Spritze fürchten müßten, daß sie zu ihrem Tod führe.

Ärzte, die über die Grenze hinausgehen und aktive Sterbehilfe durchführen, sind vor dem Gesetz und den Standesgesetzen verantwortlich für ihr Handeln.

3.3.3 Großbritannien

Die von der British Medical Association (BMA) 1997 herausgegebenen Ansichten zu Entscheidungen am Lebensende sind aufgeteilt in die Absätze „Zurückweisung von Therapie", „Euthanasie", „arztassistierter Suizid", und „Patientenverfügungen" (Advanced Statements). Interessanterweise ist dies eine Ordnung des Themas, die den Willen der Patienten in den Vordergrund stellt und nicht die rechtlichen und moralischen Probleme der Ärzte.

In ihren Ausführungen zu Sterbehilfe, Therapieablehnung und arztassistiertem Suizid schreibt die British Medical Association: „Active and intentional termination of another person's life is morally and legally different to withdrawal of treatment" (BMA 1997).

Die BMA sieht einen sehr wichtigen Unterschied darin, bei einem Menschen durch Unterlassen einer Therapie das Sterben zuzulassen oder einen Menschen absichtlich zu töten, wie dies bei aktiver Sterbehilfe geschieht.

Es gibt laut BMA drei Situationen, in denen es geboten ist, eine Therapie abzubrechen. Erstens wenn kein Fortschritt mit der Behandlung mehr erzielt werden kann, zweitens wenn es nicht im besten Interesse des Patienten ist (patient's best interest), weil möglicherweise nur das Sterben verlängert wird; drittens wenn der Patient jegliche weitergehende Behandlung abgelehnt hat. Die BMA geht interessanterweise unter dem Kapitel „Refusal of treatment" auf die PVS-Fälle ein u.a. auf Bland 1993. In sämtlichen von der BMA aufgeführten Fällen haben Gerichte einem Abbruch der Sondenernährung zugestimmt. Die Gerichte hatten jedesmal definiert, daß es sich bei Sondenernährung um eine medizinische Maßnahme handele und somit um einen Therapieabbruch bei aussichtsloser Prognose. Hierzu schreibt die BMA:

„The BMA is of the view that under certain strictly defined circumstances, it is ethically acceptable to withdraw artificial nutrition and hydration from patient's. However, the important factor making withdrawal of artificial nutrition and hydration ethically acceptable is not the label attached to the condition or state, but the loss of specific and definable neurological pathways, the result of which is the permanent loss of sensitivity to external stimuli and loss of sentience" (BMA 1997).

Für solche Fälle muß aber der Rat des offiziellen Solicitors eingeholt werden.

Die BMA steht einer Legalisierung der aktiven Sterbehilfe und des ärztlich assistierten Suizids entgegen. Sie geht konform mit dem Selected Committee des House of Lords, das 1996 für den Fall Bland im besonderen und zu ethischen, juristischen und klinischen Aspekten um Entscheidungen am Lebensende Stellung genommen hat.

Das House of Lords führte aus: „Ultimately we do not believe that the arguments are sufficient reason to weaken society's prohobition of intentional killing. That prohibition is the cornerstone of law and of social relationships" (BMA 1997).

Das House of Lords sieht Sterben nicht nur als eine persönliche Angelegenheit an. Das generelle Tötungsverbot als wesentlicher Stützpfeiler der individuellen Sicherheit im Staat und die Gleichheit aller Menschen in der Gesellschaft sei als wichtiger anzusehen. Die BMA betont, daß sich durch eine Liberalisierung der aktiven Sterbehilfe erstens eine zu starke Veränderung vom traditionellen Heilungsauftrag ergebe und sich zweitens eine grundsätzliche Richtungsänderung im Sozialverhalten zwischen denen ergebe, die chronisch krank sind und denen, die die Heilungsressourcen verteilen. In Bezug auf arztassistierten Suizid führt die BMA aus, daß es keine Pflicht für Ärzte gäbe, einem Patienten, der für sich den Tod wünscht und dieses auch realisieren möchte, zu helfen. Grundsätzlich sollten Ärzte eine solche Mitwirkung vermeiden.

Die BMA befürwortet die Abfassung von Patientenverfügungen. Der entsprechende Begriff „advance statement" umfaßt dabei alle Sorten mündlicher und schriftlicher Willensbekundung für zukünftige Entwicklungen, Zurückweisung oder Wünsche für Therapieformen. Das medizinische Personal ist aufgefordert, wie auch bisher solche Willensbekundungen zu respektieren.

Auch in den aktuellen Äußerungen „End of Life Decisions - Views of the BMA" 2001 bezieht sich die BMA auf die Veröffentlichung von 1997. Es hat sich an der Haltung bislang nichts geändert.

3.3.4 Schweiz / Österreich

Die Schweizerische Akademie der Medizinischen Wissenschaften (SAMW) beschäftigt sich schon seit mehr als 25 Jahren mit den Aspekten der Sterbehilfe. Die ersten Richtlinien wurden 1976 verfaßt, 1981 revidiert und 1988 im Kommentar ergänzt.

1993 wurde eine wiederum revidierte und ergänzte Fassung in der Schweizerischen Ärztezeitung veröffentlicht. Die vielen Anregungen und Kritikpunkte wurden diskutiert und eingearbeitet, so daß 1995 die jetzt gültige Fassung vom Senat der SAMW verabschiedet wurde. Die Richtlinien gliedern sich in den Geltungsbereich, die Richtlinien selbst und einen Kommentar. Der Geltungsbereich wird bereits aus dem Titel deutlich: „Medizinisch-ethische Richtlinien für die ärztliche Betreuung sterbender und zerebral schwerst geschädigter Patienten".

Es sind also Richtlinien für Personen, „bei welchen der Arzt auf Grund klinischer Anzeichen zur Überzeugung kommt, daß die Krankheit oder die traumatische Schädigung irreversibel ist und trotz Behandlung in absehbarer Zeit zum Tode führen wird" (SAMW 1995, S. 1223). Zweitens beziehen sich die Richtlinien auf die Betreuung von Menschen „mit irreversiblen, fokalen oder diffusen Hirnschädigungen, welche einen chronisch vegetativen Zustand zur Folge haben" (SAMW 1995, S. 1223).

Betreuung umfaßt in den schweizerischen Richtlinien Behandlung, Pflege und Begleitung von Patienten. Ärzte unterliegen einem grundsätzlichen Heilungsgebot. Ausnahmen gibt es nur bei Sterbenden und bei zerebral schwerst Geschädigten. Hier umfaßt ärztliche Behandlung die Linderung von Beschwerden und die Betreuung. Sie umfaßt die Verpflichtung, eine wirksame Therapie gegen Schmerzen, Atemnot, Angst und Verwirrung durchzuführen. Dabei darf indirekte Sterbehilfe angewendet werden. Aktive Sterbehilfe gegenüber Sterbenden oder zerebral schwerst Geschädigten ist verboten. Wünscht ein urteilsfähiger Patient einen Behandlungsverzicht, so ist dieses zu respektieren. Beihilfe zum Suizid gilt nicht als ärztliche Aufgabe. Patientenverfügungen gelten als verbindlich. Einschränkungen erfährt dies nur, wenn vom Arzt rechtswidriges Verhalten verlangt wird und sofern der Krankheitsverlauf „die Wiederkehr der zwischenmenschlichen Kommunikation und das Wiedererstarken des Lebenswillens erwarten läßt" (SAMW 1995, S. 1224).

Österreich schließt sich inhaltlich an die Richtlinien der SAMW an. Es existieren keine eigenständigen Richtlinien. 1997 hat es in Österreich eine große Kampagne gegeben, sich generell gegen die aktive Euthanasie zu stellen (ÖÄK 1997 und ÖÄK 1998).

3.4 Passive Sterbehilfe: Therapieverzicht und -abbruch im europäischen Vergleich

Wie aus den genannten Richtlinien der einzelnen Länder ersichtlich wurde, ist passive Sterbehilfe als Therapieabbruch und Therapiebegrenzung inzwischen kein Streitpunkt mehr in der Ärzteschaft. Erleichtert wird dies, wenn in einer entsprechenden Situation eine Willensäußerung entweder mündlich oder schriftlich vorliegt. Schwieriger wird der Fall, wenn man am Krankenbett diesen mutmaßlichen Willen erst ermitteln muß und dabei ohnehin konfrontiert ist mit der generellen Prognoseunsicherheit (BMA 1997). Dies demonstrieren auch die angeführten Fallbeispiele.

In Frage gestellt wird dabei einerseits, ob es sich bei der passiven Sterbehilfe überhaupt um Sterbehilfe handelt, da die Vorstellung zugrunde liegt, daß es hier um das Geschehenlassen eines natürlichen Prozesses geht. Andererseits wird gerade die Vorstellung von „Natürlichkeit" auf einer Intensivstation ebenfalls zu Recht kritisiert. Krankheits- und Sterbeverläufe auf einer Intensivstation haben mit „Natur" nichts mehr zu tun.

In der Tat handelt es sich beim Sterben auf einer Intensivstation weniger um einen Prozeß, der einfach so abläuft, sondern um ein gesteuertes Ereignis. Dies ist nicht nur im negativen Sinne gemeint. Die Aufgabe der Intensivmedizin ist es, insuffiziente oder ausgefallene Organfunktionen eine Zeit lang zu ersetzen und damit ein Überleben des erkrankten Menschen möglich zu machen.Vincent formulierte: *„When death occurs in the ICU, it is usually expected" (Vincent 1990, S. 262).*

Therapiebegrenzung und -abbruch lassen sich steuern. Praktisch wird es häufig so gemacht, daß bei infauster Prognose die Angehörigen darauf vorbereitet werden. Je nach Situation - dies schließt die Verarbeitung der Ereignisse durch Ärzte, die Pflegenden und die Angehörigen mit ein - kann dann der Sterbeprozeß gesteuert werden.

Christakis und Asch führten 1993 eine Studie bei Klinikärzten der inneren Medizin in den USA durch, in der sie nach den Vorlieben der Ärzte fragten, eine Behandlung zu beenden. Dabei zeigte sich, daß die Ärzte in absteigender Reihe folgende Maßnahmen nicht mehr durchführen: Gabe von Blutprodukten, Durchführung von Hämodialyse, Gabe von Vasopressoren , Gabe von parenteraler Ernährung , Antibiotikatherapie, Beatmung, Sondenernährung, Volumenzufuhr.

Sie beendeten weniger gern Therapien, die Organfunktionen ersetzen, die iatrogen ausgefallen waren sowieTherapien, die erst kürzlich begonnen wurden, wurden eher abgebrochen als lange bestehende. Schnell zum Tode führende

Therapieabbrüche wurden dann gewählt, wenn die Prognose mit an Sicherheit grenzender Wahrscheinlichkeit infaust war, langsamer zum Tode führende dann, wenn die Prognose unsicherer schien (Christakis und Asch 1993).

Bei der Abhandlung passiver Sterbehilfe im Rahmen von Therapiebegrenzung und -abbruch sind die Do-Not-Resusitate-Orders (DNR-Orders) v. a. auf Intensivstationen von großer Bedeutung. Dies ist zumeist der erste Schritt zur Therapiebegrenzung bei schlechter Prognose eines Patienten. Die DNR-Orders sind überall in Europa verbreitet, allerdings mit Unterschieden in den Rahmenbedingungen: Information des Patienten, Information der Angehörigen, Besprechung im Team, Besprechung nur unter Ärzten.

Vincent führte im Abstand von 10 Jahren zwei Studien durch, die u. a. den Gebrauch von DNR-Orders in europäischen Krankenhäusern verglichen (Vincent 1990 und Vincent 1999).

Leider läßt die Präsentation der Zahlen und Tabellen in den Veröffentlichungen von Vincent 1990 und 1999 einen direkten Vergleich nicht zu. 1990 stellte sich die Lage so dar, daß in allen untersuchten Ländern (Skandinavien, Großbritannien, Niederlande, Belgien, Deutschland / Österreich, Frankreich, Schweiz, Spanien / Portugal, Italien) DNR-Orders ausgesprochen und durchgeführt wurden. Dabei wurden sie in den meisten Fällen nur mündlich mitgeteilt. Insgesamt fanden 2/3 aller befragten Ärzte, daß sie schriftlich gemacht werden sollten.

In Skandinavien, den Niederlanden, Belgien und der Schweiz wurden DNR-orders meistens schriftlich gegeben. In Italien wurden nach eigenen Angaben DNR-Orders am seltensten angewendet.

Die meisten Ärzte beziehen die Familie in solche Diskussionen mit ein (57%).
1999 wurden von insgesamt 58% der Antwortenden DNR-Orders angewendet. Der größte Unterschied besteht dabei zwischen Italien mit nur 8% der Antwortenden und den Niederlanden mit 91% der Antwortenden (vgl. Tab. 7).

80% der Antwortenden befolgen schriftliche DNR-Orders, nur 6% gaben an, weder schriftliche noch mündliche zu befolgen. Die meisten Ärzte (77%) besprachen diese Anweisungen mit den Angehörigen, nur 26% besprachen sie auch mit den Patienten.

Land	Dokumentierte DNR-orders werden befolgt	Dokumentierte DNR-orders sollten befolgt werden
Österreich	76	95
Belgien	79	92
Frankreich	27	61
Deutschland	39	60
Griechenland	20	67
Italien	8	55
Niederlande	91	97
Portugal	17	77
Skandinavien	87	92
Spanien	50	87
Schweiz	85	88
Großbritannien	81	85

Tab 7: Anwendung von DNR-Orders in den einzelnen Ländern (% der Antwortenden) (nach Vincent 1999, S. 1628)

Es zeigte sich eine Differenz zwischen Nord- und Südeuropa in bezug auf das Besprechen der DNR-Orders: Ärzte in den Niederlanden, der Schweiz und in Skandinavien besprachen diese Regelungen häufiger mit ihren Patienten als Ärzte in Spanien, Griechenland und Portugal. Insgesamt ergab sich ein ähnliches Gefälle in bezug auf die Diskussion mit der Familie, wobei sie in allen Ländern häufiger als die Besprechung mit dem Patienten selbst durchgeführt wurde (Vincent 1999).

Eine verdecktere Form der Therapiebegrenzung, die Bettenverfügbarkeit auf den Intensivstationen, wurde von Vincent ebenfalls untersucht. Er hat es nur nicht explizit als eine Form der Therapiebegrenzung ausgesprochen, sondern im Zusammenhang mit Therapiebegrenzung und -abbruch erfragt.

Bettenverfügbarkeit ist sogar eine ganz wesentliche Form von Therapiebegrenzung, wenn auch wenig spektakulär. Wenn nur eine sehr begrenzte Anzahl von Betten zur Verfügung steht, muß ausgewählt werden, wer die Therapieform „Intensivmedizin" in Anspruch nehmen darf. 1999 fand Vincent, daß besonders in Griechenland, Italien, Portugal und Großbritannien häufig Bettenknappheit herrsche. Allerdings nehmen trotz dieser beschränkten Kapazitäten 73% der Ärzte Patienten mit keinerlei Überlebenschance auf die Intensivstation auf, obwohl nur 33% finden, daß man dies tun sollte. Insgesamt herrscht die Ansicht, daß die Aufnahme auf die Intensivstation restriktiver gehandhabt werden sollte (Vincent 1999). In diesem Punkt hat sich in den vergangenen 10 Jahren nichts wesentliches geändert. Auch 1990 waren in Griechenland, Italien, Portugal und Großbritannien die Aufnahmekapazitäten auf die Intensivstation am geringsten von den Vergleichsländern. 2/3 der aufnehmenden Ärzte aller Länder nahmen jedoch auch Patienten mit sehr geringen Chancen, die nächsten Wochen zu überleben, auf. Die Unterschiede in dieser Haltung zwischen den einzelnen Ländern waren relativ gering (Vincent 1990).

4 Offen abweichende Haltung: Niederlande

Durch die Einführung des Meldeverfahrens bei aktiver Sterbehilfe 1994 und das Aussetzen der Strafverfolgung bei Einhaltung des Meldeverfahrens haben die Niederlande eine abweichende Haltung zu anderen europäischen Ländern eingenommen. Die Niederlande stehen dafür noch heftig in der Kritik, zumal sie im November 2000 die Nichtstrafverfolgung von aktiver Euthanasie bei Einhaltung des Meldeverfahrens im Strafgesetzbuch festgeschrieben haben.

Zum besseren Verständnis der niederländischen Position soll die Entwicklung des „Meldeverfahrens Euthanasie" seit Beginn der 70er Jahre in den wichtigen Schritten erläutert werden.

Es sei an dieser Stelle noch einmal darauf hingewiesen, daß die Niederländer eine eingeschränkte Definition von Sterbehilfe haben. Euthanasie ist nur die freiwillige, wiederholte, ernsthafte Bitte eines mündigen Patienten um Lebensbeendigung und deren Entsprechung durch einen Arzt. Der niederländische Begriff „Euthanasie" stimmt mit dem der „aktiven Euthanasie" oder der „aktiven Sterbehilfe" überein. Die Niederländer verwenden keine Ausdrücke wie „passive" oder „indirekte Sterbehilfe".

4.1 Diskussion und Praxis der aktiven Sterbehilfe 1968-1994

Auszug aus dem Strafgesetzbuch der Niederlande

Die Strafvorschriften stammen noch aus dem Jahre 1886, als das Strafgesetzbuch erstellt wurde. Hier werden in deutscher Übersetzung im Wortlaut die entsprechenden Artikel wiedergegeben. Seit dem April 2001 gibt es in den Niederlanden ein eigenständiges Gesetz, das die Zulässigkeit von aktiver Sterbehilfe durch Ärzte regelt: Das „Gesetz über die Kontrolle der Lebensbeendigung und der Hilfe bei der Selbsttötung. Gleichzeitig wurde Artikel 293 (Tötung auf Verlangen) des Strafgesetzbuches geändert und das Leichenbestattergesetz.

„Niederländisches Strafgesetzbuch (Wet van maart 1881, Stb. 35) - Auszug
Art. 287. *Wer vorsätzlich einem anderem das Leben nimmt, wird wegen Totschlags mit Gefängnisstrafe bis zu 15 Jahren oder Geldstrafe der fünften Kategorie (bis zu 100.000 Gulden) bestraft.*
Art. 289. *Wer vorsätzlich und mit Vorbedacht einem anderen das Leben nimmt, wird wegen Mordes mit lebenslanger Gefängnisstrafe oder zeitlicher bis zu 20 Jahren oder Geldstrafe der fünften Kategorie (bis zu 100.000 Gulden) bestraft."*
(Scholten 1991, S. 471)

Die Änderung des Strafgesetzbuches durch die erste Kammer des niederländischen Parlamentes betrifft den Artikel 293 und lautet folgendermaßen[3]:

„1. Wer vorsätzlich das Leben eines anderen auf dessen ausdrückliches und ernsthaftes Verlangen hin beendet, wird mit Gefängnisstrafe bis zu zwölf Jahren oder einer Geldstrafe der fünften Kategorie bestraft.
2. Die in Absatz 1 genannte Handlung ist nicht strafbar, wenn sie von einem Arzt begangen wurde, der dabei die in Artikel 2 des Gesetzes über die Kontrolle der Lebensbeendigung auf Verlangen und der Hilfe bei der Selbsttötung genannten Sorgfaltskriterien eingehalten und dem Leichenbeschauer der Gemeinde gemäß Artikel 7 Absatz 2 des Gesetzes über das Leichen- und Bestattungswesen Meldung erstattet hat." (Katholische Nachrichtenagentur 2001)

Die Suizidbeihilfe ist im Artikel 294 StGB ebenfalls neu geregelt:

„1. Wer einen anderen vorsätzlich zur Selbsttötung anstiftet, wird, wenn die Selbsttötung begangen wird, mit Gefängnisstrafe bis zu drei Jahren oder einer Geldstrafe der vierten Kategorie bestraft.
Wer einem anderen vorsätzlich bei der Selbsttötung behilflich ist oder ihm die dazu erforderlichen Mittel verschafft, wird, wenn die Selbsttötung begangen wird, mit Gefängnisstrafe bis zu drei Jahren oder einer Geldstrafe der vierten Kategorie bestraft. Artikel 293 Absatz 2 gilt entsprechend" (Frankfurter Rundschau 19.4.2001).

Jedoch hat auch hier das neue Gesetz zur Kontrolle der Lebensbeendigung den Ärzten einen straffreien Handlungsraum eingeräumt. Strafmilderung oder gar -aussetzung bei Sterbehilfe bzw. Tötung auf Verlangen und Beihilfe zum Suizid konnten bislang durch die Artikel 9a und 40 in der Rechtsprechung vorgenommen werden:

***„Art 9a.** Falls der Richter es im Hinblick auf die geringe Schwere der Tat, die Persönlichkeit des Täters oder die Umstände, unter denen die Tat begangen ist oder die sich danach gezeigt haben für ratsam hält, kann er in dem Urteil bestimmen, daß keine Strafe oder Maßregel verhängt werden soll.*
***Art 40.** Nicht strafbar ist, wer eine Tat begeht, zu der er durch einen übermächtigen Einfluß gedrängt wurde." (Scholten 1991, S. 471)*

Das neue Gesetz zur Kontrolle der Lebensbeendigung auf Verlangen und der Hilfe bei der Selbsttötung sieht einen Rückzug staatlicher Kontrollorgane aus der Entscheidungsfindung vor. Ein behandelnder Arzt und ein ihn beratender

[3] Die Gesetzesänderungen bzw. das neue Gesetz zur Regelung der Sterbehilfe sind in deutscher Übersetzung der Frankfurter Rundschau vom 19. April 2001, S. 7 entnommen.

Kollege sind für die Wahrung definierter Sorgfaltsbestimmungen verantwortlich. Kontrollfunktion übt eine regionale Kommission aus, die aus einer ungeraden Anzahl von Mitgliedern besteht, deren Vorsitzender jedoch ein Jurist sein muß. Weiterhin müssen ein Arzt und ein Sachkundiger in Ethik und Sinnfragen der Kommission angehören. Dieses Kontrollgremium, das von den Gesundheitsbehörden unabhängig agiert entscheidet darüber, ob der behandelnde Arzt des Sterbewilligen die Sorgfaltskriterien eingehalten hat und ob er damit der von der Strafverfolgung ausgeschlossen wird.

Kapitel 2 des neuen Gesetzes zur Kontrolle der Lebensbeendigung auf Verlangen und der Hilfe bei der Selbsttötung regelt die Sorgfaltsbestimmungen und wird im Folgenden vollständig zitiert:

„Sorgfaltskriterien
Artikel 2
Gemäß den in Artikel 293 Absatz 2 Strafgesetzbuch genannten Sorgfaltskriterien muß der Arzt:
zu der Überzeugung gelangt sein, daß der Patient sein Ersuchen freiwillig und nach reiflicher Überlegung gestellt hat,
zu der Überzeugung gelangt sein, daß der Zustand des Patienten aussichtslos und sein Leiden unerträglich war,
den Patienten über die Situation, in der dieser sich befand, und über deren sich daraus ergebende Aussichten informiert haben,
gemeinsam mit dem Patienten zu der Überzeugung gelangt sein, daß es für die Situation, in der dieser sich befand, keine andere akzeptable Lösung gab,
mindestens einen anderen unabhängigen Arzt zu Rate gezogen haben, der den Patienten begutachtet und schriftlich sein Urteil über die in den Buchstaben a bis d genannten Sorgfaltskriterien abgegeben hat, und
bei der Lebensbeendigung oder bei der Hilfe zur Selbsttötung aus medizinischer Sicht sorgfältig vorgegangen sein.

Wenn ein Patient, der das sechzehnte Lebensjahr vollendet hat, nicht in der Lage ist, seinen Willen zu äußern, jedoch vor Eintritt dieses Zustandes als zur vernünftigen Beurteilung seiner Interessen fähig betrachtet werden konnte und eine schriftliche Erklärung abgegeben hat, die ein Ersuchen um Lebensbeendigung beinhaltet, kann der Arzt diesem Ersuchen Folge leisten. Die in Absatz 1 genannten Sorgfaltskriterien gelten entsprechend.

Wenn ein minderjähriger Patient zwischen sechzehn und achtzehn Jahre alt ist und als zur vernünftigen Beurteilung seiner Interessen fähig betrachtet werden kann, kann der Arzt einem Ersuchen des Patienten um Lebensbeendigung oder Hilfe bei der Selbsttötung Folge leisten, nachdem der Elternteil oder die Eltern, der oder die Gewalt über ihn ausübt oder auszuüben beziehungsweise sein Vormund, in die Beschlussfassung einbezogen worden sind.

Wenn ein minderjähriger Patient zwischen zwölf und sechzehn Jahre alt ist und als zur vernünftigen Beurteilung seiner Interessen fähig betrachtet werden kann, kann der Arzt, wenn der Elternteil oder die Eltern, der oder die Gewalt über ihn ausübt oder ausüben beziehungsweise sein Vormund, mit der Selbsttötung einverstanden sind, dem Ersuchen des Patienten Folge leisten. Absatz 2 gilt entsprechend" (Katholische Nachrichtenagentur 2001).

Die Änderung im Gesetz über das Leichen- und Bestattungswesen betreffen u. a. den Artikel 7, Absatz 2:

„Wenn der Tod die Folge einer Lebensbeendigung auf Verlangen oder Hilfe bei der Selbsttötung im Sinne von Artikel 293 Absatz 2 beziehungsweise Artikel 294 Absatz 2 Satz 2 Strafgesetzbuch war, stellt der behandelnde Arzt keinen Totenschein aus und teilt die Ursache des Todes mittels eines Formulars unverzüglich dem Leichenbeschauer der Gemeinde oder einem der Leichenbeschauer der Gemeinde mit. Dieser Mitteilung fügt der Arzt einen Bericht mit Angabe der Gründe über die Einhaltung der in Artikel 2 des Gesetzes über die Kontrolle der Lebensbeendigung auf Verlangen oder der Hilfe bei der Selbsttötung genannten Sorgfaltskriterien hinzu" (Katholische Nachrichtenagentur 2001).

Im Folgenden sollen die wichtigsten Entwicklungslinien in Rechtspraxis, öffentlicher Meinung, Haltung der Kirchen und Stellungnahmen der Ärzteschaft aufgezeigt werden.

Beginn der Diskussion

Der Beginn der Debatte wird allgemein zum Ende der 60er Jahre bzw. zum Beginn der 70er Jahre angesetzt, also verglichen mit England relativ spät.

1969 erschien das Buch „Medizinische Macht und medizinische Ethik" von dem niederländischen Arzt Hendrik Van den Berg, in dem er feststellte, daß angesichts der medizinischen Möglichkeiten über eine neue Devise in der Medizin nachgedacht werden müsse. Die Lebensverlängerung sei nicht unter allen Umständen geboten, sondern nur wenn dieses sinnvoll sei. Van den Berg schrieb, daß der Arzt auf zwei Wegen eine Beendigung des menschlichen Leben herbeiführen könne: durch Abbruch lebensverlängernder Maßnahmen oder durch Tötung. Dieses Buch führte zu einer heftigen Diskussion.

Präzedenzfälle

1973 gab es in Leuwaarden einen Präzedenzfall, der die öffentliche Debatte über Euthanasie weiter belebte. Die Ärztin Postma gab ihrer terminal kranken Mutter auf deren wiederholte Bitte hin eine tödliche Dosis Morphin. Die Mutter war halbseitengelähmt und inkontinent. Gehör und Sehfähigkeit hatten sehr stark nachgelassen. Sie hatte mehrfach Pflegepersonal und die Tochter um Sterbehilfe gebeten und sich einmal sogar kopfüber aus dem Bett gestürzt. Kurz vor der Tat war es zu einer Niereninsuffizienz gekommen. Der dort behandelnde Arzt wollte zunächst die Therapie begrenzen, entschied sich dann aber angesichts der zu erwartenden Schwierigkeiten anders.

Das Gericht befand die Ärztin Postma für schuldig. Es erkannte zwar die indirekte Sterbehilfe, die der Leidenslinderung diene, für zulässig an, das Gericht hielt aber eine Rechtfertigung direkter lebensbeendender Maßnahmen bei der gegebenen Gesetzeslage für unzulässig und verhängte eine einwöchige Gefängnisstrafe für die Ärztin (Scholten 1991). In der Begründung für das milde Urteil wurde argumentiert, daß die Mutter der angeklagten Ärztin erstens unheilbar krank, zweitens ihr Leiden untragbar gewesen sei und sie sich drittens bereits in der Sterbephase befunden hätte, zudem sei die Tötungshandlung aufgrund des wiederholten, ernstlichen Verlangens der Mutter erfolgt (Gordijn 1998).

Generell befand das Gericht, daß die meisten niederländischen Ärzte es nicht mehr als ihre Pflicht ansehen würden, Leben unter allen Umständen zu bewahren (Legemaate 1995). Zu diesem Fall formulierte das Gericht in Leuwaarden Kriterien, die zu beachten sind, wenn ein Arzt Euthanasie durchführt.
Die aus dem Leuwaardener Urteil von 1973 folgenden Leitsätze waren:

„*1. Um das Leiden eines Patienten ganz oder so viel wie möglich zu erleichtern , ist es unter Umständen zulässig, ihm steigende Dosen von Morphin, Psychopharmaka oder anderer Mittel zu verabreichen, auch wenn dies sein Leben verkürzt. In diesen Fällen darf auch die (weitere) Behandlung eventuell auftretender Komplikationen, wie etwa einer Infektion, unterbleiben.*
2. Voraussetzung ist,
daß es um einen Patienten geht, der durch Krankheit oder Unfall unheilbar ist - ohne Rücksicht auf kürzere oder längere Perioden der Besserung oder Verschlimmerung seines Leidens - oder der aus ärztlicher Sicht als unheilbar angesehen werden muß,
daß sein körperliches oder geistiges Leiden für den Patienten unerträglich oder schwer ist,
daß der Patient vorher eventuell schriftlich zu erkennen gegeben hat, daß er sein Leben beenden, jedenfalls von seinem Leiden erlöst sein will, sowie

daß der Eingriff durch einen Arzt, nämlich den behandelnden Arzt oder einem Facharzt in Abstimmung mit diesem, vorgenommen wird.

3. Es ist nicht erforderlich, daß die Sterbensphase nach ärztlichem Urteil schon begonnen oder sich angekündigt hat." (Scholten 1991, S. 473)

Bis 1990 gab es knapp 60 Urteile und Beschlüsse in der Rechtsprechung zum Thema aktiver Sterbehilfe (Scholten 1991). Hier einige Beispiele:

- 1981 verhängte das Bezirksgericht in Rotterdam über eine Frau eine Bewährungsstrafe wegen Beihilfe zum Suizid. Das Gericht legte gleichzeitig dar, welche Bedingungen eine solche Tat rechtfertigen können: der Suizident muß sein physisches oder psychisches Leiden dauerhaft, freiwillig als unerträglich empfinden. Er muß die Alternativen abgewogen haben und anderen Menschen darf kein unnötiges Leid zugefügt werden (Scholten 1991, S. 473f).

Scholten nimmt an, daß bei der Verhängung der milden Strafe im Rotterdamer Fall an eine Rechtfertigung wegen Notstandes gedacht worden ist.

- 1983 sprachen die Richter des Bezirksgerichtes Alkmaar einen Arzt frei, der einer 95jährigen Frau auf deren ernsthaftes mehrfaches Verlangen hin Medikamente gespritzt hatte, um ihr Leben zu beenden. Der Arzt hatte mit einem Kollegen und auch mit dem Sohn der Patientin gesprochen, bevor er die Medikamente verabreichte.

Das Urteil des Bezirksgerichtes Alkmaar stützte sich auf das Selbstbestimmungsrecht des Menschen und die Tatsache, daß es in bestimmten Situationen nicht möglich ist, ohne die Hilfe Dritter gewaltlos aus dem Leben zu scheiden.

Gegen den Freispruch legte der Staatsanwalt Berufung ein, so daß es zu einem Urteilsspruch des Amsterdamer Gerichtshofes kam, der den Arzt für schuldig befand, Tötung auf Verlangen durchgeführt zu haben. Es sah jedoch von einer Sanktion gegen den Arzt nach Art 9a StGB ab. Auf die wiederum vom Angeklagten eingelegte Berufung hob das oberste Gericht, de Hooge Raad, das Urteil des Amsterdamer Gerichtshofes auf und verwies den Fall zur Neuverhandlung an den Gerichtshof in Den Haag. Begründung war, daß der Amsterdamer Gerichtshof nicht geprüft habe, ob die Tat wegen Notstands gerechtfertigt gewesen sei.

Der Den Haager Gerichtshof sprach den Angeklagten von der Schuld frei. Der Arzt habe

„aufgrund seiner Erkenntnisse und Einsichten als Arzt und seiner Erfahrung als Hausarzt der Frau ... nach einer gemäß den Normen der medizinischen Ethik sorgfältigen Abwägung der Pflichten und Interessen, die einander gegenüberstehen eine Wahl getroffen, die gestützt auf die Umstände des Falles nach redlicher medizinischer Einsicht als gerechtfertigt angesehen werden müsse." (Scholten 1991, S. 476)

- Das Bezirksgericht Groningen sprach 1982 eine Ärztin frei, die einer Patientin Morphin auf deren wiederholtes Begehren bei unheilbarer Krankheit verabreicht hatte. Die Ärztin hatte über den Fall mit Kollegen, einem Theologen und einem Apotheker gesprochen, jedoch war sie als einzige Ärztin an der Untersuchung der Patientin und der Beurteilung des Krankheitsverlaufes direkt beteiligt.

Das Gericht sprach die Ärztin frei mit Hinweis auf die medizinische Ausnahme, die in diesem Fall vorgelegen habe. Auch hier legte der Staatsanwalt Berufung ein. Der Gerichtshof in Leuwaarden verwarf die Begründung der medizinischen Ausnahme. Bei der erneuten Berufungsverhandlung, diesmal vor dem Hoogen Raad, befand dieser, daß zwar in der Tat keine medizinische Ausnahme auszumachen sei, daß aber wiederum nicht ausreichend geprüft sei, ob nicht ein Notstand vorliege und verwies den Fall an den Gerichtshof Arnheim. Der bekräftigte 1987 das Urteil von Leuwaarden und bestätigte die Verurteilung der Ärztin zu zwei Monaten Gefängnis, die zur Bewährung ausgesetzt wurden, weil sie zwar einen Kollegen zu Rate gezogen habe, diesen aber die Patientin nicht habe untersuchen lassen. Deshalb habe kein Notstand vorgelegen (Scholten 1991).

Insgesamt kristallisierte sich jedoch in den Instanzen die Argumentation des „Notstandes als Rechtfertigungsgrund" oder „Übermacht als Entschuldigungsgrund" heraus, wenn auch die Erstinstanzen unterschiedlich argumentiert hatten.

Strafverfolgung

1982 traf die Staatsanwaltschaft eine für die Strafverfolgungspraxis von aktiver Sterbehilfe wichtige Entscheidung. Danach sollten Fälle von ärztlicher Sterbehilfe nur zur Anklage gelangen, wenn sie vorher von der Versammlung der Generalstaatsanwälte beraten worden seien. Daher ist die Mehrzahl der bekannten Euthanasiefälle seit Beginn der 80er Jahre gar nicht mehr zur Anklage gelangt.
Diese Zahlen sagen jedoch wenig über die tatsächlich geübten Fälle von aktiver Euthanasie in den Niederlanden aus. Die wirklichen Zahlen wurden von Feber und Scholten als weitaus höher eingeschätzt. (Scholten 1991, S. 462). Die 1990

eingesetzte Remmelink-Kommission sollte mittels einiger Studien einen genaueren Überblick über die tatsächlichen Verhältnisse leisten.

Jahr	Einstellung	Verfolgung	Einstellung nach gerichtlicher Voruntersuchung	weitere Verfolgung
1984	16	3		
1985	26	4	1	
1986	81		1	2
1987	122	2	1	1
1988	181	2	1	

Tab. 8: Fälle von aktiver Sterbehilfe in den Niederlanden, die zur Anklage / nicht zur Anklage gelangen (Scholten 1991, S. 462)

Öffentliche Meinung/ Kirchen

Mitte der 70er Jahre war bereits die Mehrheit der befragten niederländischen Bevölkerung der Ansicht, daß Euthanasie grundsätzlich möglich sein sollte.. 1980 waren es 56%. Ende der 80er Jahre meinten sogar 81%, daß bei aussichtslosem Leiden immer die Möglichkeit bestehen müsse, um eine Beendigung seines Lebens bitten zu dürfen (Scholten 1991).

Mitte der 80er Jahre wandten sich die katholischen Bischöfe in einem Hirtenbrief gegen die aktive Sterbehilfe (vgl. auch Kap. 2.2). Lediglich schmerzlindernde Maßnahmen, also möglicherweise auch die indirekte Euthanasie, galten moralisch als tragbar.

Die protestantischen Kirchen schrieben 1986 einen offenen Brief an ihre Gemeinden, wo sie im Gegensatz zu den katholischen Bischöfen die freiwillige Beendigung des Lebens durch eigene Hand oder durch Fremde in Ausnahmefällen als zumindest nicht unverantwortlich ansahen.

Stellungnahmen der Ärzteschaft

Bis Ende der 80er Jahre gab es keine verbindlichen Regeln zur Sterbehilfe. Der größte niederländische Ärzteverband, die Königlich niederländische Medizinische Gesellschaft (KNMG) hatte zwar 1973 und 1984 Stellung bezogen, diese Äußerungen jedoch nicht in den Rang einer Richtlinie erhoben.

Die KNMG äußerte hier, daß sie den Begriff Euthanasie nur für Handlungen benutzt sehen möchte, bei denen das Leben eines Menschen auf dessen Verlangen hin beendet wird. Unterteilungen in aktive oder passive Sterbehilfe und Beihilfe zum Suizid hält die KNMG für unerwünscht.

Sie sieht Ärzte als die einzig kompetenten Mitglieder der Gesellschaft an, zwischen einem krankhaften Verlangen und dem berechtigten Verlangen eines Menschen nach dem Tod zu unterscheiden. Ärzte sind diejenigen, die die pharmakologische Sachkunde haben, Euthanasie verantwortlich durchzuführen. Ausdrücklich nannte die KNMG die Euthanasie als einen wichtigen Bestandteil einer vertrauensvollen Arzt-Patient-Beziehung. Die Ärzte haben nach Ansicht der KNMG die Pflicht, für eine akzeptable praktische Regelung der Euthanasiefrage zu sorgen.

Die KNMG faßte 1984 die in den bisher erfolgten Urteilsbegründungen genannten Kriterien für die Durchführung von Euthanasie folgendermaßen zusammen:

- freiwilliger, ernsthafter, wiederholter Wunsch des Patienten nach aktiver Sterbehilfe
- komplette Information über Krankheit, Prognose, Therapiemöglichkeiten auf Seiten des Patienten
- die Situation für den Patienten muß unerträglich und hoffnungslos leidvoll sein
- es gibt keine Alternativen zur aktiven Sterbehilfe
- vor der Durchführung von Euthanasie muß der Arzt einen Kollegen zu Rate ziehen

Die KNMG machte außerdem darauf aufmerksam, daß die Sterbeurkunden wahrheitsgemäß ausgefüllt werden sollten (Scholten 1991).

Standesgerichtsbarkeit

Durch die fehlenden Richtlinien innerhalb der Ärzteschaft hat es noch keine standesrechtliche Verurteilung eines Arztes im Falle aktiver Euthanasie gegeben.

1977 hatte ein Arzt einer unheilbar an Krebs erkranken Patientin auf deren Bitte hin ein Schlafmittel gespritzt, wohl wissend, daß sie im Schlaf nicht mehr in der Lage sein würde, ausreichend abzuhusten. Er hatte dies mit ihr, einigen nahen Verwandten und ihrer Religionsgemeinschaft ausführlich besprochen. Der Ehemann verklagte ihn vor dem Standesgericht, das ihm allerdings keine unrichtigen Handlungen vorwarf. Auch die Berufungsinstanz, die der Ehemann anrief, das Centraal Medisch Tuchtcollege, bestätigte die Auffassung der ersten Instanz.

Das Centraal Medisch Tuchtcollege führte in Anlehnung an die Aussagen des Inspekteurs für Volksgesundheit aus, daß aktive Sterbehilfe nur dann zulässig sei, wenn folgende Bedingungen erfüllt seien:

- es muß der ausdrückliche Wunsch des Patienten sein, der zum betreffenden Zeitpunkt auch noch vorhanden ist
- der Arzt muß mit dem Patienten eingehend und wiederholt darüber beraten haben.
- der Arzt muß einen weiteren unabhängigen Kollegen zu Rate ziehen und ausführlich über den Fall sprechen
- der Arzt muß einen Bericht anfertigen, in dem der Inhalt der Gespräche mit nächsten Angehörigen enhalten ist, außerdem die Ansicht der konsultierten Kollegen und die eigene Begründung für die Durchführung von Euthanasie in diesem Fall (Scholten 1991).

Einen weiteren interessanten Fall gab es 1990, bei dem es zum ersten Mal um Suizidbeihilfe bei einem psychisch kranken Menschen ging. Das Centraal Medisch Tuchtcollege fand zwar einige Sorgfaltspflichten verletzt, die jedoch nicht für schwerwiegend genug erachtet wurden, den Psychiater zu verurteilen (Scholten 1991).

Strafrechtsreformvorhaben

Bereits 1970 beauftragte das Parlament den Staatssekretär für soziale Angelegenheiten und Volksgesundheit, sich mit den durch die technischen Möglichkeiten der Medizin verändernden ethischen Grenzen in den Gebieten Empfängnis, Geburt und Tod zu beschäftigen. Dieser beauftragte einen Gesundheitsrat mit einem Gutachten zu diesem Themenkomplex. Der erste Zwischenbericht mit Schwerpunkt auf der aktiven Sterbehilfe wurde 1972 veröffentlicht. Ein zweiter Bericht folgte 1975 über aktive Sterbehilfe bei Neugeborenen. Dennoch konnte sich das Parlament nicht dazu entschließen, das Strafrecht in irgendeiner Weise zu ändern.

1982 wurde von der Regierung eine „Staatskommission Euthanasie“ eingesetzt, die nach Anhörung vieler gesellschaftlicher Gruppen Vorschläge zur weiteren Zielsetzung in bezug auf die Legalisierung der Euthanasie machen sollte. Dieses wurde im Parlament heftig kritisiert, weil man befürchtete, daß durch die unterschiedlichen Gerichtsurteile auf der einen Seite und die geübte tägliche Praxis der Euthanasie auf der anderen Seite die Rechtssicherheit Schaden nehme könne. 1986 wurde daher vor jeglichem Bericht der Staatskommission von der Parlamentsabgeordneten Wessel-Tuinstra ein Entwurf zur Änderung der Artikel 293 und 294 des Strafgesetzbuches vorgelegt. Es sollte zusätzlich ein Strafausschließungsgrund eingeführt werden, wenn die Tötung oder die Suizidbeihilfe auf Verlangen eines aussichtslos erkrankten Patienten geschehe und die Tatausführung bestimmten Sorgfaltskriterien genüge. Später wurde dieser Entwurf durch den Abgeordneten Kohnstamm vertreten (Scholten 1991).

Da die Mehrheit des Parlamentes damals der Staatskommission nicht vorgreifen wollte, wurde der Reformvorschlag ausgesetzt. Nach Vorlage des Berichtes 1985 legte das Parlament 1986 einen eigenen Gesetzesentwurf vor, der ebenfalls eine Änderung der Artikel 293 und 294 vorsah, in dem allerdings die Kriterien, bei denen eine Strafverfolgung ausgesetzt werden sollte, enger gefaßt wurden. Es wurde scharf kritisiert, daß die Tatbestandsmerkmale viel zu subjektiv seien und daß zudem die Festschreibung ärztlicher Sorgfaltspflichten im Strafgesetzbuch systemwidrig sei (Scholten 1991). Nach dem Regierungswechsel legte die neue Regierung 1987 einen geänderten Entwurf vor: „Entwurf eines Gesetzes über Regelungen zur Hilfeleistung durch einen Arzt, der sich bei einer Lebensbeendigung aufgrund ausdrücklichen und ernsthaften Verlangens seines Patienten auf Übermacht beruft" (Scholten 1991, S. 466).

Hier ist eine Änderung des Strafrechtartikels 293 (Tötung auf Verlangen), in dem das Strafmaß auf 4 Jahre Gefängnis oder Geldstrafe der vierten Kategorie herabgesetzt wird, enthalten. Zusätzlich gestattet dieser Gesetzesentwurf durch eine Änderung des Gesetzes über die Ausübung der ärztlichen Heilkunst die passive Sterbehilfe und ebenfalls die aktive Sterbehilfe unter den bekannten Sorgfaltskriterien ebenfalls (Scholten 1991).

Da die damalige Regierung einen ausreichenden gesellschaftlichen Konsens vermißte, wurde von einer Lesung des Gesetzesentwurfes abgesehen. Um Aufschluß über die inzwischen geübte Praxis der aktiven Euthanasie zu erhalten und dem Meinungsaustausch auch ein paar Zahlen entgegenhalten zu können, wurde 1990 eine Kommission unter dem Vorsitz des Generalstaatsanwaltes beim Hooge Raad, Prof. Remmelink, gebildet.

Zusammenfassung 1969-1990

Zusammenfassend läßt sich zur Entwicklung bis Ende der 80er Jahre in den Niederlanden sagen, daß die Gerichte durch Präzedenzfälle einen Kriterienkatalog für die Durchführung von Euthanasie entwickelt hatten. Derjenige Arzt, der sich an diese Kriterien hielt, konnte in der Rechtspraxis davon ausgehen, daß die Durchführung von Euthanasie vor Gericht mit Übermacht (entspricht „höherer Gewalt) entschuldigt oder durch Notstand gerechtfertigt werden konnte und es somit nicht zu einer Verurteilung kommen würde. Durch fehlende ärztliche Richtlinien konnten auch die ärztlichen Standesgerichte solche Fälle letztlich nicht verurteilen.

Im Hintergrund stand die zwar ablehnende Haltung der katholischen Kirche, eine indifferente Haltung der protestantischen Kirchen und eine während der 70er und 80er Jahre immer stärker werdende positive öffentliche Meinung zur Liberalisierung der Sterbehilfe. Dementsprechend wurden im Parlament mehrere Gesetzentwürfe diskutiert, die aber nie bis zur Verabschiedung gelangten.

1990 sollte dann eine neu gebildete Kommission unter Generalstaatsanwalt Remmelink Zahlen über die tatsächlich geübte Praxis ermitteln (Scholten 1991, Gordijn 1998, Legemaate 1995).

4.2 Zahlen zur aktiven Sterbehilfe bis 1995

Die aus drei Ärzten und drei Juristen bestehende „Remmelink-Kommission" nahm Anfang 1990 ihre Arbeit auf und gab unter anderem eine Studie in Auftrag, deren Ergebnisse Ende 1991 veröffentlicht wurden. Inzwischen beschloß die KNMG zusammen mit dem Justizministerium eine „Meldeprozedur-Euthanasie", bei der Fälle von aktiver Euthanasie und medizinisch assistiertem Suizid dem zuständigen Leichenbeschauer gemeldet werden müssen (Legemaate 1995, Gordijn 1998).

Diese erste Studie wurde 1991 im Lancet von van der Maas und van Delden veröffentlicht. Die Untersuchung gliederte sich in drei Teile: detaillierte Interviews mit 405 Ärzten, einem per Post verschickten Fragebogen an die behandelnden Ärzte von 7000 verstorbenen Personen und einer prospektiven Studie mittels Fragebögen an 405 Ärzte. Sie sollte Aufschluß über das tatsächliche Maß an aktiver Sterbehilfe in den Niederlanden bringen und möglichst zeigen, nach welchen Kriterien Ärzte vorgehen.

Die Autoren der Studie fragten dabei nicht nur nach aktiver Sterbehilfe, sondern generell danach, wie häufig überhaupt Entscheidungen am Lebensende getroffen werden. Ein Ergebnis dieser Studie war, daß die Autoren meinten, es sei mit diesen Methoden möglich, valide Zahlen zur Einstellung und zum Verhalten in Bezug auf Entscheidungen am Lebensende zu gewinnen (van der Maas et al. 1991). Euthanasie lag, so stellten van der Maas und Mitarbeiter fest, in 1.8 % der Todesfälle in den Niederlanden als Todesursache vor, medizinisch assistierter Suizid lag in 0,3 % der Fälle vor und in 0,8 % der Fälle wurde der Tod bei einem Sterbenden ohne dessen ausdrücklichen Wunsch herbeigeführt.

Die Autoren errechneten eine realistische Zahl von etwa 1900 Todesfällen pro Jahr, die sich im Rahmen von aktiver Sterbehielfe und arztassistiertem Suizid ereignen. Die von Fenigsen und anderen errechneten höheren Zahlen von 5.000 bis 20.000 Fällen pro Jahr halten die Autoren für nicht valide, da es Hochrechnungen aus zu kleinen Stichproben seien (van der Maas et al. 1991).

Die Autoren kamen zu der Schlußfolgerung, daß die Diskussion um aktive Sterbehilfe in den größeren Zusammenhang über Entscheidungen am Lebensende eingebettet werden müßte, daß es insgesamt aber möglich sei, durch die verwendeten Befragungsmethoden zu validen Daten über das Verhalten der Ärzte bezüglich Entscheidungen am Lebensende zu kommen.

Die befragten Ärzte gaben außerdem an, daß eine emotionale Bindung zwischen Arzt und Patient notwendig sei, wenn es um die Durchführung von Sterbehilfe gehe. Daher komme dies auch häufiger im hausärztlichen Bereich vor, da sich hier die Betreuung in der Regel über viele Jahre erstrecke.

Die Autoren prognostizieren ein Anwachsen der Euthanasiefälle durch die demographische Entwicklung und die damit einhergehende Krebshäufigkeit. Insgesamt habe die Qualität der Beziehung zwischen Arzt, Patient und Angehörigen durch die öffentliche Diskussion über diese Themen gewonnen und es sei zu fordern, daß die Diskussion über Entscheidungen am Lebensende mehr Wert in Ausbildung erhalten müsse.

Nach Veröffentlichung der Studienergebnisse durch die Remmelink-Kommission wurde ein politischer Kompromiß gefunden, die Meldeprozedur gesetzlich vorzuschreiben. Das Leichenbestattungsgesetz wurde dergestalt geändert, daß Ärzte dem zuständigen Leichenbeschauer melden müssen, wenn der Tod eines Menschen durch Euthanasie erfolgt ist. Gleichzeitig wurde eine Strafverfolgung ausgesetzt, wenn sich der betreffende Arzt an das Meldeverfahren gehalten habe. Dieser Kompromiß (auch Bill 22572 genannt) trat am 1. Juni 1994 in Kraft.

Die gesetzliche Verankerung des Euthanasiemeldeverfahrens im Leichenbestattergesetz verhinderte, daß das Strafgesetz geändert werden mußte. So blieben bis April 2001 aktive Sterbehilfe als Tötung auf Verlangen und Beihilfe zum Suizid in den Niederlanden strafbar. Die wirksame Ausnahmeregelung bestand im Festschreiben eines Verfahrens.

1995 beschrieb Legemaate, daß es durch die Festschreibung des Meldeverfahrens im Leichenbestattergesetz eine Ausweitung der Patientengruppe gegeben habe, bei denen Euthanasie durchgeführt worden sei (Legemate 1995). Gemeint sind Fälle, bei denen Ärzte ihren Patienten ohne deren ausdrücklichen Wunsch Medikamente verabreicht haben, die zum Tod eines Patienten geführt haben. Legemaate stützte sich bei seiner Interpretation auf Zahlen der Studie der Remmelink-Kommission, bei denen gezeigt wurde, daß in ca. 0,8% aller Todesfälle in den Niederlanden Euthanasie ohne ausdrücklichen Wunsch des Patienten stattgefunden habe. Legemaate forderte eine gesonderte Diskussion um diesen Sachverhalt:

„It suggests that these cases can be resolved by applying the same criteria used in cases of euthanasia following a patient's request, falsely indicating it is as accaptable to end a patient's life without an explicit request on the other" (Legemaate 1995, S. 118).

Diese Diskussionsinhalte sind in den anderen europäischen Ländern lange vorher unter dem Stichwort Therapieabbruch und Therapiebegrenzung geführt worden, bzw. mit indirekter und passiver Sterbehilfe beschrieben worden und längst akzeptiert. In den Niederlanden führte die eingeschränkte Definition von Euthanasie und die damit erfolgte Ausklammerung der Probleme von Entscheidungen am Lebensende bei nicht oder nicht mehr einwilligungsfähigen Patienten zu einem großen moralischen Problem innerhalb der Diskussion um die Euthanasie. Legemaate forderte denn auch eine Unterscheidung:

„The crucial role of the principle of self-determination in the debate on the legal and ethical accaptability of euthanasia warrants such a distinction" (Legemaate 1995).

Nach offiziellem Inkrafttreten des neuen Gesetzes zur prozeduralen Regelung der Euthanasie 1994 wurde 1995 noch einmal eine Studie nach dem Design durchgeführt, das die Remmelink-Kommission entworfen hatte.

Die Zahlen in der Interview-Studie und der Todesbescheinigungs-Studie waren im Vergleich fast konstant, allenfalls mit einer gering anwachsenden Rate bei der aktiven Euthanasie, die aber sicher nicht im Sinne eines „Dammbruches" zu werten ist.

Variable	**Interview-Studie**		**Todesbescheinigungs-Studie**	
	1990	**1995**	**1990**	**1995**
aktive Sterbehilfe	1.9	2.3	1.7	2.4
arztassistierter Suizid	0.3	0.4	0.2	0.2
Lebensbeendigung ohne ausdrücklichen Patientenwunsch	ND	0.7	0.8	0.7
Hohe Opioiddosierung	16.3	14.7	18.8	19.1
Therapieabbruch/ Therapiebegrenzung	ND	ND	17.9	20.2
Gesamt	-	-	39.4	42.6

Tab. 9: Vergleich der Anzahl der Todesfälle, bei denen Entscheidungen am Lebensende eine Rolle gespielt haben. (modifiziert nach van der Maas et al. 1996, S. 1701)
Legende: Zahlen sind Prozentzahlen der Gesamtzahl der Todesfälle in den Niederlanden: 1995: 135.546, 1990: 128.786. ND: not determined, Zahlenmaterial läßt Schätzungen nicht zu.

Nach diesen Zahlen gibt es eine leichte Zunahme der Euthanasie Fälle von 1,9% auf 2,3% in der Interview-Studie bzw. von 1,7% auf 2,4 % in der Todesbescheinigungs-Studie. Das sind für das Jahr 1990 2446 Todesfälle in der Interview-

Studie und 2189 in der Todesbescheinigungs-Studie, für 1995 sind es 3117 in der Interview-Studie und 3253 in der Todesbescheinigungs-Studie (vgl. Tab 9). Die 0,7 bzw. 0,8 % der Lebensbeendigungen ohne ausdrücklichen Wunsch des Patienten, die alle in den Bereich der nicht mehr einwilligungsfähigen Patienten gehören, veranlaßten Pijnenborg, van der Maas et al. 1993 der Frage nachzugehen, um welches Patientengut es sich dabei handele und welche Bedingungen eine solche Entscheidung in der Regel begleiten.

Dabei stellte sich heraus, daß 59% der behandelnden Ärzte Informationen über die Wünsche des Patienten hatten. In 41% der Fälle war eine aktuelle Diskussion nicht mehr möglich. Der behandelnde Arzt kannte seinen Patienten durchschnittlich zwischen 2,4 und 7,2 Jahren - gleich ob Facharzt oder Allgemeinmediziner.

Jahr	Zahl der gemeldeten Fälle	Zahl der strafrechtlich verfolgten Fälle
1981-85	71	8
1986	84	2
1987	126	3
1988	184	2
1989	338	1
1990	486	0
1991	866	0
1992	1201	2
1993	1203	1
1994	1487	6
1995	1466	3

Tab. 10: Zahl der gemeldeten Sterbehilfefälle und Zahl der strafrechtlichen Verfolgungen in den Niederlanden 1981-1995 (modifiziert nach van der Wal et al. 1996, S. 1708)

Das Leben des Patienten wurde durch aktive Sterbehilfe in 86% der Fälle um einige Stunden bis zu einer Woche verkürzt. In 83% der Fälle wurde diese Entscheidung mit Angehörigen und in 70% mit einem Kollegen diskutiert. Situationen, in denen ein Mensch untragbar leidet und Medizin weder helfen noch lindern kann, wird es nach Ansicht der Interviewten immer geben (Pijnenborg et al. 1993).

Auf diese Ergebnisse stützte Legemaate wiederum seine Forderung nach Unterscheidung der Patientengruppen, bei denen aktive Sterbehilfe durchgeführt werden kann und denen, bei denen des Kriterium der fehlenden Selbstbestimmung die Durchführung einer aktiven Sterbehilfe lege artis unmöglich macht.

Zur Evaluation der Meldeprozedur wurden 1996 von van der Wal et al. wiederum eine Studie durchgeführt, um die Akzeptanz der Meldeprozedur unter den Ärzten zu analysieren.

Die Ergebnisse dieser Studie zeigten zwar, daß die Akzeptanz besser wurde, allerdings immer noch eine sehr große Zahl von Fällen nicht gemeldet wurde. Aus diesen Angaben geht hervor, daß die Zahl der gemeldeten Fälle mit der halboffiziellen Einführung der Meldeprozedur 1991 angestiegen ist, nach Verabschiedung der Änderung des Leichenbestattungsgesetzes 1994 allerdings noch nicht. Es kann zumindest nicht von einem Dammbruch-Phänomen in Sachen aktiver Sterbehilfe in den Niederlanden ausgegangen werden.

Allerdings sind die Zahlen nur bedingt aussagekräftig. Berücksichtigt man die in den beiden großen offiziellen Studien von 1991 und 1995 eingebauten Gegenprüfungen zu den gemeldeten Fällen, nämlich die „Death-Certification-Study", erhält man Hochrechnungen, daß 1990 etwa 2.700 Fälle von Euthanasie durchgeführt wurden und nicht nur 486, die von den Ärzten gemeldet wurde. Für 1995 wurde errechnet, daß es etwa 3.330 Euthanasiefälle gegeben habe und nicht nur 1.466. Damit ergibt sich, daß 1990 nur 18% der durchgeführten Euthanasiefälle gemeldet wurden und 1995 auch nur 44%. Die Meldeprozedur hat damit zwar zu einem Anwachsen der gemeldeten Fälle geführt, allerdings in noch unbefriedigendem Maße (van der Wal et al. 1996).

4.3 Aktuelle Entwicklungen bis 2001

1997 erließen das niederländische Justizministerium und das Ministerium für Gesundheit, Gesundheitswesen und Sport zwei neue Meldeverfahren für den arztassistierten Suizid und Sterbehilfe ohne ausdrücklichen Wunsch des Patienten. Ziel der Erlasse war es, das Vertrauen der Ärzteschaft in die Meldeverfahren zu stärken und verstärkt Meldebereitschaft auch bei arztassistiertem Suizid und Sterbehilfe ohne ausdrücklichen Wunsch des Patienten zu erreichen (Ministry of Justice Den Haag 1997).

Bei Suizid, der durch einen Arzt unterstützt wird, und Euthanasie sollen in den Bezirken Groningen, Arnheim, Haarlem, Rijswijk und Den Bosch regionale Komitees bestehend aus drei Mitgliedern (Arzt, Jurist und Ethiker) gebildet werden, die unabhängig von den regionalen Gesundheitsaufsichten operieren. Die regionalen Dreierkomitees stehen in Gesprächsverbindung mit der Staatsanwaltschaft. Die Ärzte werden von den regionalen Ethikkomitees über die Einschätzung ihrer Handlung informiert. Die Staatsanwaltschaft wird regelhaft so lange von Strafverfolgung eines Arztes absehen, bis die Generalstaatsanwaltschaft zu einer Entscheidung gekommen ist. Die Ärzte werden innerhalb von drei Wochen informiert. Die regionalen Komitees sollen jährlich einen Bericht an das Ministerium verfassen, der veröffentlicht wird.

Ende November 2000 hat die zweite Kammer des niederländischen Parlamentes einem Gesetzentwurf zur „Überprüfung von Lebensbeendigung auf Verlangen des Patienten und Hilfe zur Selbsttötung“ zugestimmt. Zu dem Gesetzentwurf gehören die oben genannten Strukturänderungen und ein im Strafgesetzbuch verankerter Strafausschließungsgrund. Dieser Strafausschließungsgrund tritt bei Ärzten in Kraft, die bei Beachtung der bekannten Sorgfaltsbestimmungen aktive Sterbehilfe und Suizidbegleitung durchgeführt haben. Die bisher geübte Praxis in den Niederlanden wird damit bestätigt. Aktive Sterbehilfe und Beihilfe zum Suizid bleiben aber nach wie vor durch das Strafgesetzbuch verboten. Neu ist die Aufnahme des Strafausschließungsgrundes, der seinerseits einen weiteren Schritt in Richtung Legalisierung der Euthanasie ist und damit eine Aufweichung des Tötungsverbotes bedeutet.

Der Gesetzentwurf wurde am 10. April 2001 durch die erste Kammer des niederländischen Parlamentes ratifiziert und hat erwartungsgemäß wieder eine lebhafte Diskussion ausgelöst. In einer Stellungnahme vom 14. Juli 2001 (Korthals 2001) betonte der niederländische Justizminister Korthals, daß Sterbehilfe in den Niederlanden nach wie vor strafrechtlich nicht erlaubt sei. Es sei aber ein Tatbestand geschaffen worden, der nicht strafverfolgt würde: Wenn ein Arzt unter Einhaltung der Sorgfaltskriterien der freiwilligen Bitte um Sterbehilfe Folge leiste, werde er nicht strafverfolgt. Das neue Gesetz sei einfach eine konsequente

Entscheidung einer Gesellschaft, die sich lange und ausführlich mit den Situationen am Lebensende in der heutigen Medizin auseinandergesetzt habe und in der praktischen Entwicklung dieses Gesetz bereits seit Jahren praktiziere. Daraus resultiere aber nach wie vor kein Patientenrecht auf Sterbehilfe und auch keine Sterbehilfepflicht für Ärzte.

Das Gesundheitsministerium hat angekündigt, daß eine erneute Studie nach dem Muster derer, die bereits 1991 und 1995 durchgeführt worden sind, stattfindet, deren Ergebnisse 2001 veröffentlicht werden sollen.

4.4 Kritik

Nach wie vor sind in der Debatte um die Praxis der aktiven Sterbehilfe in den Niederlanden Mißverständnisse und das Verbreiten von Vorurteilen an der Tagesordnung. Dabei scheint es, daß nur selten die Zahlen, die man in den Niederlanden gewonnen hat, die Methodik, mit der man sie erhalten hat, und der Verlauf der Diskussion und öffentlichen Meinungsbildung tatsächlich gründlich analysiert werden. Über eine laufende Debatte und kontinuierliche Meinungsbildung zu einem so existentiellen Thema in einem benachbarten Staat die richtige Interpretation zu liefern ist sicherlich schwierig.

Einige Punkte sollen jedoch noch einmal verdeutlicht werden. Seit Ende der 60er Jahre spielt die Euthanasiedebatte in der öffentlichen Meinung der Niederlande eine Rolle. Es war bekannt und wurde durch die Diskussion der Präzedenzfälle verdeutlicht, daß in den Niederlanden aktive Sterbehilfe durchgeführt wurde.

Die Niederländer reagierten mehrheitlich nicht mit moralischer Entrüstung auf diese Praxis, sondern versuchten, Daten über das Ausmaß zu gewinnen. Die geübte Praxis der aktiven Sterbehilfe sollte transparent gemacht werden. Ähnlich wurde in der Drogen- und Sexualpolitik verfahren. Gordijn nennt es „Duldungspolitik" und sieht es als eine speziell niederländische Fähigkeit an, geübte Praxis, auch wenn sie unbequem ist und moralisch anrüchig, zur Kenntnis zu nehmen und sie in den gesellschaftlichen Rahmen einzubinden (Gordijn 1998).

Da das Hauptargument der Euthanasiebefürworter ist, daß man dem Selbstbestimmungsrecht des modernen Menschen, sein Lebensende selbst zu gestalten und notfalls auch den Zeitpunkt zu bestimmen, Rechnung tragen müsse, ist die Debatte zunächst auf den rational denkenden und handelnden Menschen begrenzt gewesen. Denjenigen also, der selbstbestimmt, freiwillig und wiederholt um seinen Tod nachsuchen kann.

Das wesentlich häufigere Problem in der ärztlichen Praxis, es mit Menschen zu tun zu haben, die sich nicht mehr aktuell äußern können und dennoch schwer leiden, wurde kaum diskutiert. Um so erschreckender schien dann das Ergebnis der Studie von 1991, daß 0,8% der Todesfälle durch nichtfreiwillige Euthanasie hervorgerufen worden waren.

Das Problem der nicht mehr einwilligungsfähigen Patienten ist in den anderen untersuchten europäischen Ländern (Deutschland, Frankreich, England, Schweiz) stärker zur Kenntnis genommen und nicht nur als Randphänomen behandelt worden.

Mit der neuesten Änderung des Strafrechtes wird das m. E. bislang formal nicht angetastete absolute Tötungsverbot in den Niederlanden aufgeweicht, auch wenn der niederländische Justizminister die Nichtstrafverfolgung der Sterbehilfe betont. Neben den Strafen für die verbotenen Tötungshandlungen Mord und Totschlag steht nun ein Paragraph, der festlegt, daß unter bestimmten Umständen und bei Einhaltung eines definierten Verfahrens von den üblichen Strafen bei einer Tötungshandlung abgesehen wird.

Aktive Sterbehilfe in den Niederlanden setzt eine situationsbezogene Handlungsautonomie voraus. Ist diese Autonomie fraglich - bei nicht oder nicht mehr Einwilligungsfähigen, psychisch Kranken und Kindern - darf Euthanasie nicht durchgeführt werden. Aber auch bei diesen Gruppenmitgliedern, die schwerste Erkrankungen bis auf den Tod erleiden können oder durch ihre psychischen Erkrankungen in schwerstes untragbares Leid hineinkommen können, geraten Ärzte in die gleichen Pflichtenkollisionen.

Durch die vorliegenden Zahlen kann man weder beweisen, daß aktive Sterbehilfe seit Einführung der Meldeprozedur zugenommen hat, noch kann man das Gegenteil belegen, da nur ca. 45% der Fälle von aktiver Sterbehilfe gemeldet wurden. Jegliche Diskussion darüber hat bis heute noch keine rationale Grundlage. Ein slippery-slope Phänomen kann quantitativ bislang nicht nachgewiesen werden, wohl aber qualitativ. Es findet eine Ausweitung der Forderung nach Euthanasie bei Personengruppen statt, die durch Erkrankungen in schwerstes untragbares Leiden geraten können, bei denen aber fraglich ist, ob sie eine situationsbezogene Handlungsautonomie haben. So hat es in den Niederlanden inzwischen Menschen mit psychiatrischen Erkrankungen gegeben, bei denen Euthanasie durchgeführt wurde.

Bei allen Diskussionen zur Euthanasie wird gerade auch in den Niederlanden wenig über mögliche Alternativen nachgedacht. Inzwischen ist gut belegt, daß durch eine ausreichende Schmerztherapie, begleitende Sorge und gute Pflege von schwerkranken Menschen, die Angst vor einem einsamen, qualvollen Tod und die Angst, anderen nur zur Last zu fallen, beträchtlich vermindert werden kann (Aulbert 1998, Klaschik et Nauck 1998, Janssens et Gordijn 1998).

Der Wunsch nach Euthanasie kann analog zu einer Suiziddrohung oder eines Suizidversuches gesehen werden, die in einer scheinbar ausweglosen Situation ausgesprochen werden und einen Hilferuf darstellen. In diesem Falle nur die Hilfe für einen medikamentösen Tod anzubieten, ist sicher zu wenig.

Die Niederländer selbst stellen fest, daß es eine für den Bedarf in den Niederlanden und im europäischen Vergleich zu wenig entwickelte Palliativmedizin gibt (Janssens et Gordijn 1998, Klaschik et Nauck 1998).

Es bleibt also ein berechtigter Kritikpunkt, ob denn in der medizinischen und pflegerischen Sorge vor der Äußerung eines Wunsches nach aktiver Sterbehilfe in den Niederlanden genug getan wird.

Der zweite Kritikpunkt betrifft die Art der niederländischen Diskussion. Es wird meistens nur über Verfahrensweisen gesprochen (Gordijn 1998, S. 31). Kaum jemand stellt die grundsätzliche moralische Frage, ob Euthanasie etwas Sinnvolles ist, und ob man sie überhaupt durchführen soll. Abgesehen von der katholischen Kirche scheint Euthanasie für einen Großteil der niederländischen Bevölkerung völlig selbstverständlich zu sein. Dies ist insofern bemerkenswert, als daß sich England, Deutschland, die Schweiz und Frankreich sowie die skandinavischen Länder zu einer eindeutigen Ablehnung der aktiven Euthanasie bekennen.

5 Lage in Deutschland

In diesem Kapitel soll die Situation in Deutschland analog zu der in den Niederlanden geschildert werden. Die bestehende rechtliche Lage in der Bundesrepublik wird dargestellt, sowie einige bekannte Rechtsfälle, an denen sich die öffentliche Diskussion in Deutschland entzündet hat. Des weiteren wird die Entwicklung von ärztlichen Standesrichtlinien aufgezeigt.

1996 und 1998 hat es zwei sehr unterschiedliche Studien zur Haltung deutscher Ärzte zur Sterbehilfe gegeben, die kritisch vorgestellt werden.

5.1 Gesetze und Rechtsprechung

Spezielle gesetzliche Regelungen zur Sterbehilfe gibt es in Deutschland nicht. Werden Rechtsfälle zur Sterbehilfe vor Gericht verhandelt, dann erfolgt dies im Rahmen allgemeiner Tötungsdelikte.

Auszug aus dem Strafgesetzbuch der Bundesrepublik Deutschland (Fassung der Bekanntmachung vom 13. November 1998)

„ ***§ 211. Mord.*** *(1) Der Mörder wird mit lebenslanger Freiheitsstrafe bestraft.*
(2) Mörder ist, wer aus Mordlust, zur Befriedigung des Geschlechtstriebes, aus Habgier oder sonst aus niedrigen Beweggründen, heimtückisch oder grausam oder mit gemeingefährlichen Mitteln oder um eine andere Straftat zu ermöglichen oder zu verdecken, einen Menschen tötet.

§ 212. Totschlag. *(1) Wer einen Menschen tötet, ohne Mörder zu sein, wird als Totschläger mit Freiheitsstrafe nicht unter fünf Jahren bestraft.*
(2) In besonders schweren Fällen ist auf lebenslange Freiheitsstrafe zu erkennen.

§ 213. Minder schwerer Fall des Totschlags. *War der Totschläger ohne eigene Schuld durch eine ihm oder einem Angehörigen zugefügte Mißhandlung oder schwere Beleidigung von dem Getöteten zum Zorn gereizt und hierdurch auf der Stelle zur Tat hingerissen worden oder liegt sonst ein minder schwerer Fall vor, so ist die Strafe Freiheitsstrafe von sechs Monaten bis zu fünf Jahren.*

§ 216. Tötung auf Verlangen. *(1) Ist jemand durch das ausdrückliche und ernstliche Verlangen des Getöteten zur Tötung bestimmt worden, so ist auf Freiheitsstrafe von sechs Monaten bis zu fünf Jahren zu erkennen.*
(2) Der Versuch ist strafbar.

§ 323 c. ***unterlassene Hilfeleistung.*** *Wer bei Unglücksfällen oder gemeiner Gefahr oder Not nicht Hilfe leistet, obwohl dies erforderlich und ihm den Umständen nach zuzumuten, insbesondere ohne erhebliche eigene Gefahr und ohne Verletzung anderer wichtiger Pflichten möglich ist, wird mit Freiheitsstrafe bis zu einem Jahr oder mit Geldstrafe bestraft" (Strafgesetzbuch 2000).*

Der Suizid ist in Deutschland kein Straftatbestand. Daher sind weder die Tat noch die Beihilfe dazu strafbar. Der Straftatbestand der Tötung auf Verlangen enthält im Gegensatz zu den anderen Tötungsdelikten bereits stark abgeschwächte Formulierungen. Nach Koch wurde bereits in der Aufklärungszeit die sachliche Nähe zwischen der Tötung auf Verlangen und dem Suizid gesehen. Die heutige gesetzliche Formulierung geht auf das RStGB von 1871 zurück. Entsprechend dem damaligen Zeitgeist wurde die Sterbehilfeproblematik im militärischen Zusammenhang gesehen: man dürfe einem Schwerverwundeten auf dem Schlachtfeld, den Wunsch getötet zu werden, nicht absprechen (Koch 1991).

Durch die Tatbestandslosigkeit des Suizids und die Straflosigkeit der Beihilfe ist in der Rechtsprechung der Bundesrepublik Deutschland eine enge Verflechtung zwischen aktiver Sterbehilfe und Beihilfe zum Suizid entstanden.

Auszug aus dem bürgerlichen Gesetzbuch der Bundesrepublik Deutschland (Fassung vom 18. August 1896)

„§ 1904 [Ärztliche Maßnahmen]
(1) Die Einwilligung des Betreuers in eine Untersuchung des Gesundheitszustandes, eine Heilbehandlung oder einen ärztlichen Eingriff bedarf der Genehmigung des Vormundschaftsgerichtes, wenn die begründete Gefahr besteht, daß der Betreute auf Grund der Maßnahme stirbt oder einen schweren und länger dauernden gesundheitlichen Schaden erleidet. Ohne die Genehmigung darf die Maßnahme nur durchgeführt werden, wenn mit dem Aufschub Gefahr verbunden ist.
(2) Absatz 1 gilt auch für die Einwilligung eines Bevollmächtigten. Sie ist nur wirksam, wenn die Vollmacht schriftlich erteilt ist und die in Absatz 1 Satz 1 genannten Maßnahmen ausdrücklich erfüllt sind" (Bürgerliches Gesetzbuch 2000).

Der Paragraph 1904 aus dem Betreuungsrecht hat in Bezug auf den Behandlungsabbruch bei noch nicht Sterbenden in den letzten 6 Jahren eine Schlüsselstellung in der juristischen Argumentation erhalten. Mit Berufung auf diesen Paragraphen haben Gerichte den Antrag auf Abbruch einer künstlichen Ernährung befürwortet (Entscheidungen des BGH 1994; Schell 1998, S. 76-80) oder auch zurückgewiesen (13. Zivilikammer des LG München 1999)

5.1.1 Gerichtsurteile

Koch formuliert, daß die Rechtsprechung in Bezug auf den Suizid widersprüchlich und sehr komplex sei und die Verknüpfung von Suizid- und Sterbehilfeproblematik insgesamt die Rechtsprechung überfordert habe (Koch 1991).

Im Folgenden soll anhand einiger auch öffentlich bekannter Rechtsfälle die Diskussion in Deutschland dargestellt werden. Es sind dies der Fall Wittig von 1984, der Fall Hackethal von 1986, der Kemptener Fall von 1994, der Frankfurter Fall von 1998 und der Münchner Fall von 1999.

Der Fall WITTIG in Krefeld 1984

Die Sachlage

Der Hausarzt Dr. Wittig betreute seine Patientin Frau U. bereits einige Jahre. Deren Mann war 1981 gestorben. Seitdem hatte sie wiederholt geäußert, in ihrem Leben keinen Sinn mehr zu sehen und zu ihrem Mann zu wollen. Sie litt an einer hochgradigen koronaren Herzerkrankung und hatte Gehschwierigkeiten wegen Arthrose in Knie- und Hüftgelenken. Sie lehnte eine Krankenhauseinweisung und generell eine intensivmedizinische Behandlung sowie ein Leben in einem Pflegeheim ab. Schon vor dem Tod ihres Mannes hatte sie sich gedanklich mit Suizid beschäftigt und eine Patientenverfügung verfaßt, die seit Oktober 1980 auf ihrem Schreibtisch lag.

„Willenserklärung. Im Vollbesitz meiner Sinne bitte ich meinen Arzt keine Einweisung in ein Krankenhaus oder Pflegeheim, keine Intensivstation und keine Anwendung lebensverlängernder Medikamente. Ich möchte einen würdigen Tod sterben. Keine Anwendung von Apparaten. Keine Organentnahme" (Entscheidungen des BGH 1984).

Sieben Monate später ergänzte sie dieses Schriftstück: „Ich bin 76 Jahre alt und möchte nicht länger leben" (Entscheidungen des BGH 1984).

Am 27. November 1981 machte Dr. Wittig bei Frau U. einen Hausbesuch und kündigte seine erneute Visite für den nächsten Abend an, um mit ihr über ihre grundsätzliche Weigerung zu sprechen, sich in ein Krankenhaus oder Pflegeheim einweisen zu lassen. Am nächsten Abend fand er die Patientin nicht ansprechbar und bradypnoisch vor. In ihrer Hand lag ein Zettel: „An meinen Arzt - bitte kein Krankenhaus - Erlösung! -28.11. Ch. U." (Entscheidungen des BGH 1984).

Nach einer Durchsuchung der Wohnung fand Dr. Wittig zahlreiche Medikamentenpackungen, die zusammen mit dem klinischen Bild den Verdacht ergaben, die Patientin habe eine Überdosis Schlafmittel und Morphin geschluckt.

Dr. Wittig ging davon aus, daß sie in ihrem derzeitigen klinischen Zustand nicht mehr zu retten gewesen sei, auch wenn notfall- und intensivmedizinische Maßnahmen ergriffen worden wären. Er sah von einer Krankenhauseinweisung ab und respektierte den Willen der Patientin. Bis zu ihrem Tod am nächsten Morgen gegen 7 Uhr blieb er bei ihr in der Wohnung.

Das Urteil

Es wurde die Frage verhandelt, unter welchen Voraussetzungen ein behandelnder Arzt, der seinen Patienten nach einem Selbstmordversuch bewußtlos antrifft, sich wegen eines Tötungsdeliktes oder unterlassener Hilfeleistung strafbar machen kann, wenn er nichts zur Rettung seines Patienten unternimmt.

Das Landgericht Krefeld sprach den Angeklagten von dem Vorwurf der Tötung auf Verlangen wegen Unterlassens ärztlicher Hilfsmaßnahmen frei. Der BGH bestätigte das Urteil des Landgerichtes.
Begründung

„Eine vollendete Tötung auf Verlangen komme nicht in Betracht, weil die Untätigkeit des Angeklagten den Tod von Frau U. nicht verursacht habe. Eine versuchte Tötung auf Verlangen scheide aus, weil dieses Delikt nicht durch Unterlassen begangen werden könne, wenn sich der Garant für das Leben des Selbstmörders dessen frei verantwortlichem Tötungsentschluß unterordne. Bei solcher Sachlage sei ein Selbstmord auch kein Unglücksfall im Sinne des §323c StGB. Eine Strafbarkeit nach dieser Vorschrift scheitere im übrigen daran, daß bei Eintreffen des Angeklagten Hilfe weder erforderlich noch ihm zumutbar gewesen sei." (Entscheidungen des BGH 1984)

Der Fall HACKETHAL in München 1984

Die Sachlage

Eine 69jährige Patientin litt seit 1977 an einem bösartigen Hauttumor, der mehrere Operationen im Gesicht notwendig gemacht hatte. Teile des Oberkiefers mit der Oberlippe und der Nase fehlten, das linke Auge war völlig verschlossen, am rechten Auge bestand ein starkes Ektropium. Es bestanden außerdem starke Neuralgien, die schmerztherapeutisch schlecht einzustellen waren.

Die Wundheilung im Gesicht war gestört, die Nahrungsaufnahme nur sehr eingeschränkt möglich. Der Allgemein- und Ernährungszustand verschlechterte sich immer mehr. Anfang 1984 wurde zusätzlich ein destruierender Oberkiefertumor diagnostiziert, der bereits die Orbita und die Schädelbasis infiltriert hatte.

Bei der äußerst ungünstigen Gesamtprognose und angesichts des belastenden und quälenden Zustandes wollte die Patientin nach Hause entlassen werden und bat vorher den Klinikleiter Prof. Hackethal um Hilfe für den Fall, daß sie sterben wolle. Dies sagte er zu.

Nach einigen Tagen meldete sie sich und bedrängte Prof. Hackethal telefonisch, so daß er ihr schließlich Kaliumzyanid brachte und genau erklärte, wie sie es einzunehmen habe. Die Patientin trank das Gift selbständig und starb etwa 15 Minuten später (Schell 1998, Friehe 1997).

Das Urteil

Der Staatsanwalt erhob 1984 daraufhin Anklage gegen Prof Hackethal wegen Tötung auf Verlangen. Das Landgericht Traunstein lehnte 1986 die Eröffnung eines Hauptverfahrens jedoch ab, auch die Beschwerde des Staatsanwaltes hatte keinen Erfolg. Das Oberlandesgericht München lehnte ein Jahr später ebenfalls die Eröffnung eines Hauptverfahrens ab (Schell 1998, Friehe 1997).

Begründung

„In Übereinstimmung mit der Strafkammer kommt der Senat zu dem Ergebnis, daß ein hinreichender Tatverdacht eines Vergehens der Tötung auf Verlangen nach §216 StGB und der Beihilfe hierzu nicht vorliegt.
...nach geltendem Recht erfüllt die eigenverantwortlich gewollte und verwirklichte Selbsttötung nicht den Tatbestand eines Tötungsdeliktes, so daß ohne Rücksicht auf die Lauterkeit der Motive nicht als Anstifter oder Gehilfe bestraft werden kann, wer sich lediglich hieran beteiligt..." (Schell 1998, S. 37).

Die beiden genannten Rechtsfälle wurden im Rahmen der Suizidproblematik abgehandelt. Bei Hackethal konnten sich die Gerichte relativ schnell darauf einigen, daß gar kein Tatbestand vorliege, weil die Patientin Suizid begangen hatte. Sie hatte niemals die Tatherrschaft an andere abgegeben. Prof. Hackethal hat Beihilfe zum Suizid geleistet, was strafrechtlich nicht verfolgt werden kann, jedoch weder heute noch vor 15 Jahren im Einklang mit ärztlichen Verhaltensrichtlinien stand.

Schwieriger in der Einordnung war der Fall Wittig. Hier konnte dem Arzt unterlassene Hilfeleistung bzw. fahrlässige Tötung vorgeworfen werden. Die Begründung des Freispruches beruht auf der Aussage des Arztes, daß er bezweifelt habe, daß man seine Patientin zu dem Zeitpunkt, an dem er sie gefunden habe, noch hätte retten können. Da Ärzte nicht verpflichtet sind, sinnlose Maßnahmen zu ergreifen, nur weil sie technisch machbar sind, wurde er freigesprochen.

Der „Kemptener Fall" 1994 (Urteil des BGH vom 13.9.1994 - 1 StR 357/ 94, Urteil des LG Kempten/ Allgäu vom 17.5.1995 - 2 Ks 13 Js 13155/93)

Die Sachlage

Frau Sch., Jahrgang 1920, war seit 1989 an einem ausgeprägten hirnorganischen Psychosyndrom im Rahmen einer präsenilen Demenz erkrankt, so daß die Versorgung in einem Pflegeheim notwendig wurde. Im September 1990 erlitt sie einen Herzstillstand. Sie wurde reanimiert und anschließend im Krankenhaus weiterbehandelt, wo sich ein hypoxischer Hirnschaden zeigte. Frau Sch. war kommunikationsunfähig und reagierte ungezielt und nicht reproduzierbar auf Schmerzreize. Reaktionen auf optische, akustische und taktile Reize erfolgten nur noch als Knurren. Wegen der aufgetretenen Schluckschwierigkeiten wurde eine PEG-Sonde gelegt, über die die Ernährung erfolgte. Im Verlauf traten trotz krankengymnastischer Übungen starke Kontrakturen an allen Gliedmaßen auf.

Frau Sch. hatte während der letzten dreißig Jahre ihres Lebens bei vielen Gelegenheiten geäußert, sie wolle später nicht leiden, nicht an Schläuche angeschlossen werden und keine lebensverlängernden Maßnahmen erhalten. Dahinvegetieren wolle sie nicht. Ihr Sohn war zum Betreuer mit Wirkungskreis Aufenthaltsbestimmung, Zuführung zu ärztlicher Behandlung und Vermögensverwaltung bestimmt worden.

Zu Beginn des Jahres 1993 wandte sich der behandelnde Arzt Dr. T. an den Sohn, ob man den Zustand, der nunmehr als irreversibel erscheine, nicht durch Entzug der Sondennahrung beenden sollte. Der Hausarzt gab an, dieses Verfahren sei rechtlich abgesichert. Der Sohn holte keinen weiteren Rechtsrat ein, beriet sich jedoch mit einigen Angehörigen und Freunden.

Sohn und Hausarzt verfaßten eine Anordnung, die ins Verordnungsblatt des Pflegeheimes eingetragen wurde: „Im Einvernehmen mit Dr. T. möchte ich, daß meine Mutter nur noch mit Tee ernährt wird, sobald die vorhandene Flaschennahrung zuende ist oder ab dem 15.3.1993" (Entscheidungen des BGH 1994).

Diese Eintragung wurde von beiden unterzeichnet. Der Pflegedienstleiter der Einrichtung weigerte sich jedoch diese Anweisung auszuführen und verständigte das Vormundschaftsgericht, das per einstweiliger Anordnung das Absetzen der Sondenernährung untersagte.

Der Sohn beantragte daraufhin beim Vormundschaftsgericht, die Sondenernährung einstellen zu dürfen.

Dieses wurde jedoch nach Anhörung eines Sachverständigen und der Beteiligten untersagt. Der behandelnde Arzt stellte die medizinische Betreuung daraufhin ein, die Behandlung wurde von einem Kollegen übernommen. Wegen Dislokation der PEG-Sonde wurde ein weiterer Krankenhausaufenthalt von Frau Sch. notwendig, in dessen Verlauf es zu einem nicht mehr beherrschbaren Lungenödem kam, an dem die Patientin am 29.12.1993 verstarb (Entscheidungen des BGH 1994, Rieger 1995, Schell 1998).

Das Urteil

Das Landgericht Kempten sprach Dr. T. und den Sohn der Patientin des versuchten Totschlags für schuldig und verurteilte sie zu Geldstrafen. Die beiden Angeklagten legten Revision vor dem Bundesgerichtshof ein, das die Begründung für das Urteil an einigen Stellen korrigierte, jedoch beim Schuldspruch blieb. Der BGH formulierte:

„Der Gefahr, daß Arzt, Angehörige oder Betreuer unabhängig vom Willen des entscheidungsunfähigen Kranken, nach eigenen Maßstäben und Vorstellungen das von ihnen als sinnlos, lebensunwert oder unnütz angesehene Dasein des Patienten beenden, muß von vornherein entgegengewirkt werden"(Entscheidungen des BGH 1994).

Der BGH verwies den Fall zu neuer Verhandlung und Entscheidung auch über die Kosten der Rechtsmittel an das LG Kempten zurück. Vom LG Kempten wurden die beiden Angeklagten mit dem Urteil vom 17.5.1995 schließlich freigesprochen.

Begründung (Urteil des LG Kempten vom 17.5.1995)

In dieser erneuten Verhandlung wurde großes Gewicht auf die Ermittlung des mutmaßlichen Willens der Patientin gelegt. Bei genauerer Recherche stellte sich heraus, daß die Patientin nicht nur einmal vor 10 Jahren während einer Fernsehsendung geäußert habe, daß sie nicht leiden wolle, sondern daß sich die Angst vor schweren Erkrankungen, den daraus folgenden Behandlungsmethoden und Krankheitsverläufen durch die letzten Jahrzehnte ihres Lebens zog. Es war also nicht von einer durch eine momentane Stimmung geleiteten, nicht ernstzunehmenden Bemerkung auszugehen, sondern von einer beständigen und festen Willensäußerung. Mit dieser Argumentationsgrundlage sprach das LG Kempten die beiden Angeklagten frei, da es in Ausnahmefälle statthaft sei, gemäß dem Willen der betroffenen Kranken eine Behandlung wie z. B. eine Sondenernährung zu unterbrechen, was dann den Sterbevorgang einleitet (Entscheidungen des BGH 1994, Rieger 1995, Schell 1998).

Der „Frankfurter Fall" 1998 (Beschluß des Amtsgerichtes Frankfurt am Main vom 14.5.1998 - 45- XVII 65/98, Beschluß des OLG Frankfurt am Main vom 20.7.1998 - 20 W 224/ 98)

Die Sachlage

Die 85jährige Patientin befand sich seit mehreren Monaten in stationärer Behandlung eines Krankenhauses in Frankfurt (Aufnahme Ende Dezember 1997). Als Diagnosen lagen vor: generalisierte Arteriosklerose, insbesondere eine periphere AVK mit embolischem Verschluß einer Beinarterie, die zu Nekrosen an Fuß und Unterschenkel links geführt haben. Weiter bestand eine komatöse Bewußtseinslage bei Zustand nach mehreren Hirninfarkten. Nach eingehender neurologischer Begutachtung wurde bereits im Februar 1998 die komatöse Bewußtseinslage als irreversibel angenommen. Die Ernährung der Patientin erfolgte über eine PEG-Sonde.

Zur Betreuerin in allen Angelegenheiten war die Tochter der Patientin vom Vormundschaftsgericht bestimmt worden.

Durch die Nekrosen am linken Bein wurde zunächst aus medizinischer Sicht eine Oberschenkelamputation notwendig, um eine Lebensgefahr abzuwenden. Die Tochter beantragte beim Vormundschaftsgericht die Genehmigung zur Einwilligung in die Operation, die ihr auch erteilt wurde. Wenige Tage später beantragte sie beim Vormundschaftsgericht die Erlaubnis auf Einstellung der Sondenernährung mit Verweis auf den Willen der Patientin, die geäußert habe, kein langes Sterben haben zu wollen.

Das Urteil

Das AG Frankfurt am Main wies zunächst den Antrag auf Einstellung der Sondenernährung mit der Begründung zurück, daß der §1904 BGB nicht analog zur Herbeiführung des Todes ausgedehnt werden dürfe. Der zweiten Beschwerde der Verfahrenspflegerin beim Landgericht Frankfurt am Main wurde stattgegeben. Das Oberlandesgericht Frankfurt brachte darauf den Beschluß zum Ausdruck:

„daß die Entscheidung einer Betreuerin, bei der von ihr gesetzlich vertretenen Betroffenen einen Behandlungsabbruch durch Einstellung der künstlichen Ernährung vorzunehmen, grundsätzlich nach §1904 BGB genehmigungsfähig ist, wenn dies dem zuvor geäußerten oder dem mutmaßlichen Willen eines im Koma

liegenden Patienten entspricht und ein bewußtes und selbstbewußtes Leben nicht mehr zu erwarten ist"(Schell 1998, S. 77) .

Das OLG stützte sich dabei ausdrücklich auf das Kemptener Urteil und die Stellungnahme des BGH 1994. Das AG Frankfurt wurde aufgefordert, nach weiterer Aufklärung in dieser Angelegenheit zu entscheiden.

Begründung

„Bei dieser [Abbruch einer lebenserhaltenden Maßnahme] ist das Selbstbestimmungsrecht des Patienten als Ausdruck seiner allgemeinen Entscheidungsfreiheit und des Rechts auf körperliche Unversehrtheit (Art. 2 II 1 GG) grundsätzlich anzuerkennen, jedoch sind an die Annahme eines erklärten oder mutmaßlichen Willens deswegen erhöhte Anforderungen zu stellen, weil der Gefahr entgegengewirkt werden muß, daß Arzt, Angehörige oder der Betreuer nach eigenen Vorstellungen das für sinnlos gehaltenen Leben des Betroffenen beenden wollen. Es gilt also, den Konflikt zwischen dem hohen Anspruch auf Achtung der Selbstbestimmung der Person und ihrer Würde zu lösen..., wobei der Gesetzgeber zum Ausdruck gebracht hat, daß er den Betreuer ermächtigen will, die mutmaßliche Weigerung des Betroffenen bezüglich einer lebensverlängernden Maßnahme zur Geltung zu bringen..." (Schell 1998, S. 79).

Zu einer weiteren Verhandlung des Falles kam es nach dem Beschluß des OLG Frankfurt nicht mehr, weil die Tochter nach der lebhaften und sehr kontroversen öffentlichen Debatte den Antrag zurückzog (Schreiber 1999).

Der Münchner Fall von 1999 (LG München I, Beschl. V. 18.2.1999 - 13 T 478/ 99)

Die Sachlage

Anfang August 1998 erlitt der Patient einen Hirninfarkt, in dessen Folge ein schweres hirnorganisches Psychosyndrom auftrat. In den verfügbaren Veröffentlichungen zum Münchner Urteil wird keine Aussage zur Kommunikationsfähigkeit des Patienten gemacht, ob er in irgendeiner Form noch in der Lage war sich zu äußern bzw. wie er auf Reize seiner Umwelt reagierte. Da in allen bekannten Darstellungen von einer Trachealkanüle und einer PEG-Sonde gesprochen wird, ist zu vermuten, daß es zu Schluckschwierigkeiten und der Unfähigkeit, suffizient abzuhusten, gekommen war. Zusätzlich bestand eine Harninkontinenz.

Nach sechs Wochen wurde der Sohn des Patienten zum Betreuer mit dem Aufgabenkreis „Sorge für die Gesundheit des Betroffenen mit Zuführung zu ärztlicher Heilbehandlung" bestellt.

Der Betreuer beantragte Mitte Dezember 1998 beim Vormundschaftsgericht die Genehmigung, die Sondenernährung bei dem Patienten einstellen lassen zu dürfen (13. Zivilkammer LG München 1999, Roßbruch 1999, Schlund 2000, Gründel 1999).

Das Urteil

Am selben Tag teilte der Amtsrichter dem Betreuer mit, daß der Genehmigung schon aus formalen Gründen nicht stattgegeben werden könne, weil sein Aufgabenkreis als Betreuer derartige Entscheidungen nicht zulasse. Die Beschwerde des Betreuers wurde ebenfalls zurückgewiesen (13. Zivilkammer LG München 1999).
Der Antrag wurde vom Betreuer des Patienten danach nicht weiterverfolgt (Schlund 2000).

Begründung

„1. Der Aufgabenkreis der Gesundheitsfürsorge umfaßt nicht die Einwilligung des Betreuers zu lebensbeendenden Maßnahmen (hier: Einstellung der Ernährung und Reduzierung der Flüssigkeitszufuhr bei einem im Koma liegenden Betroffenen).
2. §1904 BGB ist weder direkt noch entsprechend anwendbar für vormundschaftsgerichtliche Genehmigungen von lebensbeendenden Maßnahmen" (13. Zivilkammer LG München 1999).

Diese drei aufgeführten Rechtsfälle haben sowohl in der juristischen Literatur als auch in der Öffentlichkeit große Aufmerksamkeit erfahren, sind sie doch richtungsweisend für den Umgang mit der Sterbehilfe in der neueren Diskussion. Dazu sind aus der Perspektive dieser Arbeit einige Punkte anzumerken.

Es muß noch einmal deutlich herausgestellt werden, daß es sich bei den drei Fällen nicht um Sterbende handelt, sondern um Patienten, die einen irreversiblen Verlust ihrer Wahrnehmungs- und Kommunikationsfähigkeit erlitten hatten und auch nicht mehr in der Lage waren zu essen und zu husten. In allen drei Fällen gab es schwerwiegende Begleiterkrankungen. In allen Fällen ging es um die Frage, ob man durch das Einstellen der künstlichen Ernährung den Tod eines Menschen herbeiführen darf.

Interessanterweise wurde diese moralische Frage bei den Debatten nur in der Presse mit entsprechender emotionaler Aufheizung geführt. In den Fachzeitschriften wurde das Problem zu einem Verfahrensproblem. Das höchstrichterliche Urteil des Kemptener Falles war vielschichtig. Die Richter erkannten an, daß man nicht immer das technisch Machbare bei einem kranken Menschen auch anwenden muß. Es kann in bestimmten Fällen geboten sein, eine Therapie bzw. lebenserhaltende Maßnahme zu beenden, um den Tod des Menschen herbeizuführen. Allerdings darf dies keine Alleinentscheidung des Betreuers und des behandelnden Arztes sein, sondern das Vormundschaftsgericht müsse bei einer solchen Frage hinzugezogen werden und es sei bei alledem der Wille des Patienten maßgeblich. Liege ein solcher nicht erkennbar vor, könne auch auf allgemeine Wertvorstellungen zurückgegriffen werden.

Das AG Frankfurt wies jedoch einen derartigen Antrag im 2. Fall zunächst mit der Begründung zurück, daß §1904 BGB nicht die Aufgabenstellung für den Betreuer vorsehe, über Abbruch von lebenserhaltenden Maßnahmen zu entscheiden, vorsehe. Erst das OLG Frankfurt korrigierte diesen Verfahrenseinwand mit der Begründung, daß nicht der Betreuer aus eigenem Gutdünken eine solche Entscheidung treffe, sondern im Sinne des Patienten handeln können müsse, wenn dieser einen solchen Zustand für sich nicht wünscht.

Eine interessante Kuriosität gibt es noch im Frankfurter Fall.

Die Patientin litt an einer peripheren arteriellen Verschlußkrankheit (pAVK) vierten Grades des linken Beines, die eine Oberschenkelamputation notwendig machte. In der Regel ist dies eine vitale Indikation, da sonst durch die Gefahr einer Sepsis das Leben des Betroffenen akut bedroht werden kann. Die Betreuerin holte für diese Operation die Genehmigung des Vormundschaftsgerichtes ein. Es wäre eine Überlegung wert gewesen, gemeinsam mit den behandelnden Ärzten zu überdenken, ob durch eine Begrenzung ärztlicher Therapie, d.h. in diesem Falle das Nicht-Durchführen der Operation, mehr im Sinne der Patientin gehandelt worden wäre. Statt dessen wurde die Genehmigung zur Operation erteilt und die Operation durchgeführt. Erst Tage später kamen Bedenken bei der Tochter auf, ob die Mutter ein solches Leben noch gewollt hätte. Angesichts der Tatsache, daß bei der Patientin ein lebensbedrohlicher Zustand bestanden hatte, der zu einem Therapieverzicht im Sinne passiver Sterbehilfe hätte führen können, erscheint der medizinische, juristische und moralische Aufwand, der dann betrieben werden mußte, hoch.

Immerhin fand im Frankfurter Urteil die Beurteilung des Kemptener Falles eine gewisse Verfestigung. Im Frankfurter Fall kam es allerdings nicht mehr zu einem Urteil des AG Frankfurt, da die Betreuerin vorher den Antrag zurückzog.

Im Münchner Fall schließlich wurde vom Gericht nur noch verfahrenstechnisch argumentiert. Dem Betreuer wurde kurzerhand die erteilte Kompetenz für diese Fragen abgesprochen, weil sich mit Blick auf die Grundrechte des Menschen eine höchstpersönliche Angelegenheit nicht auf Dritte übertragen ließe.

Diese Entscheidung ist vielfach kritisiert und kommentiert worden (Schlund 2000, Gründel 1999, Roßbruch 1999). Die Entscheidung des LG München ist gegenwärtig ein Gegentrend zur bisherigen Rechtsprechung , die sich in vernünftiger Abwägung der Persönlichkeitsrechte des Einzelnen, den neueren Richtlinien der Ärzte und der klinischen Realität einer modernen Medizin stellt.

5.1.2 Der Alternativentwurf eines Gesetzes über Sterbehilfe von 1986

1986 veröffentlichte ein Arbeitskreis bestehend aus Juristen und Ärzten unterschiedlicher Fachrichtungen einen Gesetzesentwurf für die Regelung der Sterbehilfe in Deutschland (Baumann et al. 1986).

Intention des Arbeitskreises war, das Wohl des Patienten in der modernen Intensivmedizin zu schützen, indem das Selbstbestimmungsrecht in Bezug auf das Lebensende gestärkt wird und moderne Medizin zum Lebensschutz, nicht zum Lebenszwang beitragen kann. Dem Arzt sollte dabei ein angemessener Handlungsspielraum zubemessen werden, wobei er gleichzeitig an objektivierbare Entscheidungskriterien gebunden werden sollte. Dabei sollte die Schutzwürdigkeit des Lebens betont werden, die unabhängig von „Lebenswerturteilen" an sich besteht.

Beim Suizid sollte die Eigenverantwortlichkeit des Handelnden insofern respektiert werden, als die Rettungspflicht begrenzt werden sollte. Tötung auf Verlangen sollte grundsätzlich strafbar bleiben und damit das allgemeine Tötungsverbot bestehen bleiben (Baumann et al. 1986, S. 11f). Der Alternativentwurf enthält einen Paragraphen zur passiven und einen zur indirekten Sterbehilfe. Die Autoren betonen jedoch im Kommentar, daß diese Begrifflichkeit im Rahmen dieses Gesetzentwurfes nicht benutzt werden sollte (Baumann et al. 1986, S. 13).

Bei einem Suizid, bei dem von einer Eigenverantwortlichkeit des Handelnden ausgegangen werden kann, kann Hilfe unterlassen werden. In bezug auf aktive Sterbehilfe, hier Tötung auf Verlangen, kann in besonderen Fällen von einer Strafe abgesehen werden, wenn der Leidenszustand des Betroffenen nicht mehr gemildert werden kann (Baumann et al. 1986, S. 11f). Der Alternativentwurf-Sterbehilfe wurde nicht in das Strafgesetz übernommen. Bis heute ist Sterbehilfe im deutschen Strafrecht nicht differenziert geregelt.

5.2 Standesrichtlinien

1979 wurden sowohl von der Bundesärztekammer (BÄK) als auch von der deutschen Gesellschaft für Chirurgie Richtlinien zum Umgang mit Sterbenden veröffentlicht.

Die Entwicklung der thematischen Schwerpunkte soll hier aufgezeigt werden. Die „Richtlinien für die Sterbehilfe" der BÄK von 1979 sind noch bemerkenswert kurz gehalten. Gleich zu Beginn des Textes wird darauf hingewiesen, daß man diese Richtlinien in Absprache mit der Akademie der medizinischen Wissenschaften der Schweiz formuliert habe. Zu Beginn wird betont, daß die Sterbehilfe zum ärztlichen Aufgabenfeld gehört (BÄK 1979). Mit „Hilfe" gemeint ist hier Behandlung, Beistand und Pflege. Die hier gemeinte Sterbehilfe würde man heute als Sterbebegleitung bezeichnen, wie es dann 20 Jahre später 1998 auch formuliert wurde (BÄK 1998). Der Wille des Patienten ist zu respektieren. Bei urteilsunfähigen Patienten muß der mutmaßliche Wille des Kranken berücksichtigt werden, sonst übernehmen der Arzt oder der gesetzlich bestellte Vormund für den Kranken letzte Entscheidungen. Auch 1979 wurde schon formuliert, obwohl noch unter der Rubrik „Sterbende oder dem Tode nahen Erkrankten" aufgeführt, daß bei Patienten, die kein bewußtes und umweltbezogenes Leben mit eigener Persönlichkeitsgestaltung werden führen können, nicht alle der Lebensverlängerung dienenden Maßnahmen ergriffen werden müssen.

Im Kommentar zu diesen Richtlinien wird detailliert beschrieben, daß mit „Sterbehilfe" Beschränkung auf eine Linderung von Beschwerden bei gleichzeitigem Verzicht auf lebensverlängernde Maßnahmen beim Todkranken zu verstehen ist (BÄK 1979).
„Sie umfaßt die Unterlassung oder das Nichtfortsetzen von Medikation sowie von technischen Maßnahmen, zum Beispiel Beatmung, Sauerstoffzufuhr, Bluttransfusion, Hämodialyse, künstliche Ernährung" (BÄK 1979, S. 958).

Dies könnte man kurz mit der Erlaubnis zu passiver Sterbehilfe bezeichnen. Etwas verklausuliert wird im nächsten Absatz geschrieben, daß eine gezielte Lebensverkürzung durch künstliche Eingriffe in die restlichen Lebensvorgänge, um den Eintritt des Todes zu beschleunigen, als vorsätzliche Tötung gelten. Aktive Sterbehilfe wird also untersagt. Ausdrücklich wird gesagt:

> „Der Arzt hat in seine Überlegungen unter anderem
> - die Persönlichkeit oder den ausgesprochenen oder mutmaßlichen Willen des Patienten
> - seine Belastbarkeit durch Schmerzen und Verstümmelung
> - die Zumutbarkeit medizinischer Eingriffe
> - die Verfügbarkeit therapeutischer Mittel

- die Einstellung der menschlichen und gesellschaftlichen Umgebung einzubeziehen" (BÄK 1979, S. 958).

Zusätzlich heißt es, daß dem Arzt ein breiter Ermessensspielraum für seine Entscheidungen zugestanden werden sollte.

Im rechtlichen Kommentar wird ausgeführt, daß in dem Moment, wo einem Arzt die Anwendung medizinischer Maßnahmen nicht mehr angezeigt erscheinen, sich dieser strafrechtlich auf eine Geschäftsführung ohne Auftrag berufen könne. Die Angehörigen seien in jedem Fall anzuhören. Falls eine schriftliche Willenserklärung des Patienten vorliege, so gebe sie einen wichtigen Hinweis. Sie sei aber für den Arzt nicht bindend, da immer angenommen werden könne, daß der Patient sich noch anders entschieden hätte, wenn er noch bei Bewußtsein wäre.

In den Entschließungen des 84. und 87. Deutschen Ärztetages 1981 und 1984 wurde die aktive Sterbehilfe ausdrücklich zurückgewiesen und die Sterbebegleitung mit Verweis auf die Richtlinien von 1979.als eine selbstverständliche ärztliche Aufgabe bezeichnet.

Im Jahre 1993 wurde von der Bundesärztekammer, offensichtlich unter dem Eindruck der sich in den Niederlanden entwickelnden Legalisierung der aktiven Sterbehilfe, eine überarbeitete Version der Richtlinien von 1979 vorgelegt. Im vorangehenden Kommentar werden „Patiententestamente" als im Einzelfall einfache juristische Problemlösungen bezeichnet, ethisch und ärztlich seien sie jedoch keine nennenswerte Erleichterung.

Insgesamt klingen die Formulierungen der Richtlinien von 1993 sehr viel restriktiver als 1979. Es muß dies, wie eingangs erwähnt, unter dem Eindruck der abgelehnten niederländischen Entwicklung und möglicherweise auch noch nachwirkend durch die öffentlichkeitswirksamen Prozesse um Prof. Hackethal interpretiert werden.

1994 wurden im gesundheitspolitischen Programm des 97. Deutschen Ärztetages die oben genannten Punkte bestätigt und zusätzlich die ausreichende Schmerztherapie gerade bei unheilbar Kranken und Sterbenden in den Vordergrund gestellt.

1995 wurde von der Schweizerischen Akademie der Medizinischen Wissenschaften eine neue Richtlinie herausgegeben, die sich explizit auch mit der Patientengruppe befaßte, die sich nicht im Sterbeprozeß befindet, aber zerebral so schwer geschädigt ist, daß ein Leben in Selbstbewußtheit und in Kommunikation mit der Umwelt nicht mehr möglich sein wird (Persistent vegetative state, PVS).

1997 wurde von der Bundesärztekammer ein bislang einmaliges Projekt begonnen, um die Richtlinien zur ärztlichen Sterbehilfe zu überarbeiten. Es wurde ein Entwurf in Fachzeitschriften und Tageszeitungen veröffentlicht, mit der ausdrücklichen Absicht nicht nur die Ärzteschaft, sondern auch andere gesellschaftliche Gruppen in den Arbeitsprozeß einzubeziehen. Im Herbst 1998 wurde dann die überarbeitete Version verabschiedet und veröffentlicht (Beleites 1998). Folgende Punkte sind im Vergleich zu den Richtlinien von 1979 neu formuliert oder mit einem Schwerpunkt versehen worden:

1. Es wird formuliert, daß Therapiebegrenzung in bestimmten Situationen nicht nur erlaubt ist, sondern sogar geboten, d.h. indiziert sein kann.
2. Das Therapieziel kann sich ändern: von dem Ziel der Heilung hin zu palliativmedizinischer Versorgung. Hier trägt die BÄK der Entwicklung der Palliativmedizin Rechnung.
3. Der Arzt hat für eine sogenannte Basisbetreuung zu sorgen: Menschenwürdige Unterbringung, Zuwendung, Körperpflege, Lindern von Schmerzen, Atemnot und Übelkeit, Stillen von Hunger und Durst. Damit wird gesagt, daß der Arzt seine Patienten nicht vor dem objektiven Verhungern und Verdursten bewahren muß, sondern daß er im Einzelfall dafür zu sorgen hat, daß der Patient das subjektive Gefühl von Hunger und Durst nicht spürt.
4. Wirtschaftliche Erwägungen sollen bei all diesen Überlegungen keine Rolle spielen.
5. Der Arzt muß den Willen des Patienten beachten und einen Konsens mit Angehörigen und den Pflegenden suchen.
6. Bei Nicht-Sterbenden mit infauster Prognose kommt eine Änderung des Therapieziele nur dann in Betracht, wenn die Behandlung weit fortgeschritten ist und die Behandlung Leiden verlängert.
7. Bei Neugeborenen mit schwersten Mißbildungen oder Stoffwechselstörungen ohne Aussicht auf Besserung oder Heilung darf eine lebenserhaltende Therapie eingestellt werden.
8. Gleiches gilt für extrem unreife Frühgeborene, die absehbar sterben werden, und für solche, die schwerste Zerstörungen des Gehirns erlitten haben. Weniger schwere Schädigungen sind kein Grund zum Behandlungsabbruch, auch wenn die Eltern dies wünschen!
9. Alle diesbezüglichen Entscheidungen müssen individuell erarbeitet werden.
10. Patienten mit schwersten zerebralen Schädigungen haben wie alle anderen Menschen ein Anrecht auf Behandlung, Pflege und Zuwendung. Erst in einem fortgeschrittenen Stadium, wobei die Dauer des Bewußtseinsverlust nicht das einzige Kriterium sein darf, kann bei dieser Patientengruppe eine Änderung des

Therapiezieles in Betracht kommen, wenn andere schwerwiegende Erkrankungen oder Organausfälle hinzutreten (BÄK 1998).

Die deutsche Gesellschaft für Chirurgie hat sich ebenfalls mit dem Thema Therapiebegrenzung und Sterben beschäftigt und 1979 und 1996 Leitlinien herausgebracht. In den Leitlinien von 1996 wird ein Katalog von Situationen angeführt, in denen Therapiebegrenzung in Betracht kommen kann. Er wird im folgenden vollständig zitiert:

> *„Diese Situationen können nur individuell beurteilt werden; sie lassen sich jedoch nach manchen Charakteristika gliedern und mit Beispielen erläutern ...*
> 1. *Patient im Sterbeprozeß befindlich (z.B. „natürliches Sterben" im Alter, Endstadium eines Malignomleidens oder einer anderen konsumierenden Erkrankung)*
> 2. *Patient in kritisch-kranker Situation mit hinreichend sicher feststellbarer infauster Prognose:*
>   a) *Absehbares Versagen der Intensivtherapie (z.B. progredientes*
>   b) *[Multi-] Organversagen),*
>   c) *Schwere potentiell letale Komplikation bei Grunderkrankungen mit infauster Prognose (z.B. schwere postoperative Komplikation nach nur palliativer Tumorchirurgie),*
>   d) *Akute Erkrankung (Unfall) mit infauster bzw. besonders ungünstiger Prognose (z.B. schwere Verbrennungsgrade, schweres Polytrauma, zerebrale Massenblutung),*
>   e) *Erhebliche Belastung bei Fortsetzung einer vermutlich erfolglosen Behandlung (z.B. wiederholte, bisher erfolglose Organtransplantation),*
>   f) *Patient im anhaltenden Koma nach kardio-pulmonaler Reanimation.*
> 1. *Patient mit interkurrenter Erkrankung bei fehlender Kommunikationsfähigkeit (z.B. durch appallisches Syndrom).*
> 2. *Patient in kontinuierlicher Abhängigkeit von der Substitution vital wichtiger Funktionen (z.B. an künstlicher Beatmung etc.).*
> 3. *Patient mit einer Erkrankung ohne affektive Behandlungschance, besonders im Spätstadium der Erkrankung, jedoch nicht in der Final-/ Präfinalphase (z.B. inkurables Karzinomleiden)" (Schell 1998, S. 111-113).*

Die BÄK hatte in ihren Grundsätzen eine genaue Auflistung vermieden. Entsprechend den klinischen Erfordernissen und Situationen und der Fachliteratur, die es zum Thema gibt, ist von den Chirurgen dies einmal auf den Punkt, d.h. „auf die Liste" gebracht worden. 1993 wurde von der Deutschen Gesellschaft für Chirurgie ein Kongreß mit dem Titel "Grenzen chirurgischen Handelns" veranstaltet", 1994 wurde im Zentralblatt für Chirurgie eine Reihe von Artikeln zu Grenzen ärztlicher Behandlungspflicht veröffentlicht (Karimi-Nejad 1994, Schildberg et al. 1994, Nast-Kolb 1994, Eigler 1994).

	Sterbehilfe ?	**aktive Sterbehilfe**	**Behandlungsabbruch / Unterlassen von Maßnahmen**	**Beihilfe zum Suizid**	**Selbstbestimmungsrecht des Patienten**	**Patientenverfügung**	**Unterlassen von Maßnahmen bei noch nicht Sterbenden**
1979	Behandlung, Beistand, Pflege	im Kommentar für unzulässig erklärt	beim Sterbenden möglich	---	ist beim Urteilsfähigen zu respektieren ; beim Urteilsunfähigen ist der mutmaßliche Wille zu ermitteln	---	---
1994	Behandlung, Beistand, Pflege	unzulässig	bei irreversiblen Erkrankungen bes. im Terminalstadium möglich	unzulässig	s. o.	---	bei irreversiblen Erkrankungen
1997	Behandlung, Beistand und Pflege	unzulässig	bei Sterbenden möglich	unzulässig	s.o. bei Ermittlung des mutmaßlichen Willens: besondere Bedeutung einer Patientenerklärung	wesentliche Hilfe für den Arzt beim verantwortungsvollen Ermitteln des Patienten-willens	als „Änderung des Therapiezieles" möglich
1998	palliativmed. Behandlung, Beistand, Sorge für Basisbetreuung	unzulässig	bei Sterbenden möglich	unzulässig	s.o.	s.o.; außerdem: Verbindlichkeit bei konkreten Behandlungssituationen	s.o.

Tab. 11: Vergleich der deutschen Sterbehilfe-Richtlinien 1979-98 (nach Wernstedt et al. 2000, S. 227)

1999 zog dann die Deutsche Gesellschaft für Anästhesiologie und Intensivmedizin (DGAI) nach und veröffentlichte ihrerseits Leitlinien zu Fragen des Therapieabbruchs und der Therapiebegrenzung bei Intensivpatienten, da die Grundsätze der BÄK nicht hinreichend präzise für die Situation auf Intensivstationen erschienen (DGAI 1999).

In den Leitlinien finden sich noch einmal Definitionen für die Begriffe aktive, passive und indirekte Sterbehilfe. Die „intensivmedizinischen Präzisierungen" finden sich im Kommentar und dort wesentlich unter dem Begriff der passiven Sterbehilfe. Es wird der Begriff „bestmögliche Hilfe" eingeführt, der im Normalfall bedeutet, daß alles intensivmedizinisch Mögliche zur Erlangung von Gesundheit oder zur Verlängerung des Lebens getan wird, bei Sterbenden oder Schwerstkranken mit infauster Prognose jedoch Beschränkung auf Schmerzlinderung und Anxiolyse bedeuten kann. Ebenso kann es bei irreversibel Bewußtlosen gerechtfertigt sein, auf „künstliche Lebens-verlängerung" zu verzichten. Einen kurzen Überblick der Entwicklung der deutschen Sterbehilferichtlinien gibt Tab. 11.

Angesichts der niederländischen Änderung des Strafrechtes im April 2001 hat sich der 104. Deutsche Ärztetag im Mai 2001 explizit gegen die aktive Sterbehilfe ausgesprochen:" Tötung auf Verlangen ist keine ärztliche Handlung - sie läuft dem ärztlichen Handlungsauftrag, Kranke zu heilen, Leiden zu lindern, Krankheiten zu verhüten und Sterben zu begleiten, entgegen" (Deutscher Ärztetag 2001, S. 1247).

5.3 Ergebnisse zweier Studien zur Haltung deutscher Ärzte gegenüber der Sterbehilfe

5.3.1 „Stern"-Studie von WEHKAMP und Mitarbeitern 1996

Im November 1996 wurde in der Wochenzeitschrift „Stern" eine Studie veröffentlicht, die bei der 'Hildebrandt-Gesundheits-Consult GmbH' in Auftrag gegeben wurde und deren Haupterhebung dann von der Firma 'Epidemiologische Forschung Berlin' durchgeführt wurde (Wehkamp 1998). Es gibt außer im „Stern" zwei weitere Veröffentlichungen der Studie: „Sterben und Töten. Euthanasie aus der Sicht deutscher Ärztinnen und Ärzte" von K-H Wehkamp, erschienen bei den Berliner Medizinethischen Schriften, und „Ärztliche Handlungsmuster und Einstellungen zur Sterbehilfe in Deutschland" von Kirschner und Elkeles in der Fachzeitschrift „Gesundheitswesen".

Wehkamps These, die sich in der Untersuchung erhärtet hat, war, daß es trotz der gegenteiligen offiziellen moralischen Verlautbarungen auch in Deutschland in der Medizin und Krankenpflege zu aktiver Sterbehilfe kommt und die Beteiligten der Überzeugung sind, daß sie moralisch positiv handeln.

Grundsätzliche Fragestellung war, wie Ärztinnen und Ärzte in Deutschland der Thematik „Sterbehilfe" gegenüberstehen, welche Erfahrungen und Einstellungen hierzu vorliegen, weiter, ob ihnen die Sterbehilfe-Praxis in den Niederlanden bekannt ist und was sie dazu meinen und ob sie selbst schon von Patienten um aktive Sterbehilfe gebeten worden waren und was sie dann taten. Ein weiterer Fragepunkt war, ob die Begrifflichkeit aktive, passive und indirekte Sterbehilfe verbreitet ist und angewendet wird.

Die Studie wurde eingegrenzt auf die Bereiche Allgemeinmedizin, Chirurgie, Innere Medizin und Anästhesie/Intensivmedizin. Es wurden sowohl Ärzte in Kliniken als auch in Praxen befragt.

Um die Methode zu überprüfen, wurde zunächst eine Pilotstudie von 50 Interviews durchgeführt, ab Sommer 1996 dann die Hauptstudie. Dabei wurden die Grundsätze des „gequoteten Schichtverfahrens" verwendet, d.h. aus einer Grundgesamtheit von 61.916 niedergelassenen Ärzten für Allgemeinmedizin und 55.000 Klinikärzten wurde eine repräsentative Stichprobe gezogen. Es wurde auf eine ausgewogene Beteiligung aller Bundesländer geachtet. Mit den ausgewählten Praxen und Stationen wurde telefonisch Kontakt aufgenommen, die Studie vorgestellt, Anonymität und fachgerechte Auswertung der Ergebnisse zugesichert. Bei den Klinikabteilungen wurde die Erlaubnis über den leitenden Abteilungsarzt eingeholt, was insgesamt zu einem systematischen Fehler in der

Befragung führte, da die Abteilungsleiter meistens selbst darauf bestanden, das Interview zu führen. Insofern ist bei den Kliniksärzten die Gruppe der männlichen, sehr berufserfahrenen, älteren Ärzte überrepräsentiert. Die Ergebnisse waren vielgestaltig.

Es zeigte sich, daß die meisten der befragten Ärzte das niederländische Modell kannten (89-92%). Die Einstellungen dazu waren sehr unterschiedlich. Nur wenige waren dafür, es auch in Deutschland zuzulassen, für eine Erprobung waren immerhin 17,7% der niedergelassenen Allgemeinmedizinier und 20% der Kliniksärzte. 51 bis 79% lehnen das niederländische Modell jedoch ab oder würden es sogar bekämpfen. Die Ablehnung des Modells wächst mit dem Lebensalter und der Position in der Klinikshierarchie.

Die überwiegende Mehrheit der befragten Ärztinnen und Ärzte sieht einen hohen Diskussionsbedarf zum Thema. In Fällen von Ablehnung der Thematik waren die Argumente, daß solche Angelegenheiten nicht im öffentlichen Raum behandelt werden sollten. Es gab Befürchtungen, daß eine „Verregelung“ durch die Justiz eine humane Patientenversorgung unterbinden könne. Insgesamt ist das Vertrauen in Öffentlichkeit, Justiz, Presse und Politik, solche schwierigen medizinischen Entscheidungssituationen angemessen nachzuvollziehen, bei einem großen Teil der Ärzteschaft nicht vorhanden.

Position	Diskussionsbedarf zum Thema „Sterbehilfe“		
	JA (%)	NEIN (%)	gefährlich(%)
alle Kliniker	50,8	34,1	-
Chefärzte	40,2	-	22,3
Oberärzte	62,6	-	9,1
Stationsärzte	90,3	-	2,3
niedergelassene Allgemeinärzte	51,4	37,5	15,7

Tab. 12: Diskussionsbedarf zum Thema „Sterbehilfe“ bei deutschen Ärzten 1996 (Zahlen zusammengestellt aus Wehkamp 1998)

Wehkamp stellte fest, daß es entgegen der offiziell verlauteten Moral der Ärzte sehr wohl aktive Sterbehilfe in Deutschland gibt, wenn auch in geringem Umfang; 6% der in der Klinik angestellten Ärzte und 11% der niedergelassenen Ärzte gaben an, aktive Sterbehilfe geleistet zu haben. In der Vorstudie gaben dies 18% der befragten Ärzte an. In den neuen Bundesländern gaben weniger Befragte (97% verneinten) an, Erfahrungen mit aktiver Sterbehilfe zu haben als in den alten Bundesländern (87% verneinten). Etwa 7 % der Befragten verweigerten die Antwort.

Bei den Menschen, die durch aktive Sterbehilfe getötet wurden, handelte es sich in aller Regel um schwere Tumorerkrankungen im Endstadium.
Wehkamp schreibt:

„Aktive Sterbehilfe wurde von Ärzten häufig als ein Privileg geschildert, das besonderen persönlich bekannten Menschen zuteil werde: Verwandten, Berufskollegen und Freunden. Hier sei sicher, daß die Betroffenen wüßten, worum es gehe, und daß keine Strafanzeige erfolgen würde" (Wehkamp 1998, S. 13-14).

Jeder zweite befragte Arzt kannte Fälle, in denen er von Patienten um aktive Sterbehilfe gebeten wurde. Die meisten äußerten großes Verständnis für dieses Anliegen. 8% der niedergelassenen und 1% der in der Klinik angestellten Ärzte gaben an, der Bitte entsprochen zu haben.

In der Vorstudie ergab sich, daß 23 von 50 Befragten den Verdacht hatten, daß auf Seiten der Pflege gelegentlich aktive Sterbehilfe geleistet werde, 12 Befragte verneinten die Frage. Sechs Ärzte, die vorher als Schwestern bzw. Pfleger gearbeitet hatten, waren sicher, daß es zu aktiver Sterbehilfe komme. Vier Ärzte verweigerten bei dieser Frage die Antwort.

Wehkamp schreibt:

„Nach diesen Ergebnissen muß mit an Sicherheit grenzender Wahrscheinlichkeit davon ausgegangen werden, daß es im Rahmen des deutschen Gesundheitswesens zu Patiententötungen kommt. Sehr wenige Ärztinnen und Ärzte bekennen sich offen dazu, selbst entsprechend gehandelt zu haben... Nahezu alle Ärztinnen und Ärzte hatten Verständnis für solche Wünsche, insbesondere jene, die viel mit Tumorpatienten zu tun hatten" (Wehkamp 1998, S. 14).

Ebenfalls in der Vorstudie erklärten 70% der Befragten, daß sie in manchen Situationen gern aktive Sterbehilfe leisten möchten, was aber nicht gleichbedeutend damit ist, daß sie es auch tun würden.

Wehkamp formuliert:

„In Übereinstimmung mit eigener klinischer Erfahrung verstehe ich die Aussage so, daß es im Rahmen der medizinischen Versorgung schwerst- und sterbenskranker Menschen immer wieder Situationen gibt, deren Schwere für die Patienten, die Angehörigen, die Pflegenden und die Ärzte trotz entwickelter Behandlungsmöglichkeiten 'schier unerträglich' ist. Es sind die zwar relativ selten, aber doch mit konstanter Häufigkeit vorkommenden Fälle, in denen der Impuls, eine aktive Tötung sei der humanste Weg, spontan entstehen kann" (Wehkamp 1998, S. 15).

	Krankenhausärzte gesamt (n=184) %	*niedergelassene Ärzte gesamt (n=282) %*
Situationen sind vorstellbar, in denen der Arzt aktive Sterbehilfe leisten möchte	32,2	30,2
Fälle erlebt, wo Unterscheidung zwischen aktiver und passiver Sterbehilfe nicht deutlich war	38,6	24,0
Fälle aktiver Sterbehilfe erlebt	6,4	10,5
Fälle aktiver Sterbehilfe erlebt: keine Antwort	6,9	2,3
Patientenbitte um aktive Sterbehilfe erhalten	54,4	48,3

Tab. 13: Erfahrungen deutscher Ärzte mit aktiver Sterbehilfe 1996 (1) (Zahlen aus Kirschner und Elkeles 1998, S. 250)

In Bezug auf die indirekte und passive Sterbehilfe stellte Wehkamp fest, daß diese Formen weitgehend akzeptiert sind.

Eine Frage an die Ärzte war, ob sie immer zwischen den verschiedenen Formen der Sterbehilfe deutlich am Krankenbett unterscheiden könnten. Es zeigte sich in den Antworten, daß es dabei häufig am Krankenbett Schwierigkeiten gibt.

	Krankenhausärzte gesamt (n=102) %	**niedergelassene Ärzte gesamt (n=140) %**
Verständnis für das Anliegen aktiver Sterbehilfe:		
- nie	3,0	7,3
- manchmal	37,2	44,5
- meistens	23,8	24,5
- immer	32,7	22,5
habe dem Wunsch nach aktiver Sterbehilfe:		
- entsprochen	0,8	7,8
- abgelehnt	70,8	53,3
- kein Ernstfall	23,3	42,3

Tab. 14: Erfahrungen deutscher Ärzte mit aktiver Sterbehilfe 1996 (2) (Zahlen aus Kirschner und Elkeles 1998, S. 250)

Bei der Vorstudie kannten 36 Ärzte diese Unsicherheit, 13 kannten sie nicht und 1 Arzt gab keine Antwort. Wehkamp folgert:

"Wir interpretieren dieses Ergebnis dahingehend, daß es offenbar eine erheblich ausgedehnte 'Grauzone' zwischen 'aktiver', 'passiver' und 'indirekter' Sterbehilfe gibt, die reale Zweifel an der Klärungskraft dieser Unterscheidungen hervorrufen" (Wehkamp 1998, S. 21).

Wehkamp kommt zu der Schlußfolgerung, daß sich Ärzte angesichts des oft „jammervollen Zustandes" ihrer Patienten stets in jedem Einzelfall Gedanken machen und machen müssen, was das Beste für den Patienten ist.

Tätigkeit	Schwierigkeiten bei bestimmten Fällen, zwischen den Sterbehilfeformen zu unterscheiden
in der Klinik angestellte Ärzte	39%
niedergelassene Allgemeinärzte	24%
Chefärzte	44%
Ärzte, die viel mit Schwerstkranken zu tun haben	61%

Tab. 15: Schwierigkeiten deutscher Ärzte, die Sterbehilfe-Formen aktiv, passiv, indirekt am Krankenbett deutlich voneinander zu unterscheiden (Zahlen aus Wehkamp 1998, S. 20)

Wird von Seiten des Patienten oder der Angehörigen das Thema Sterbehilfe in die Diskussion gebracht, sollte für ein Gespräch darüber Raum und Zeit und auch der Mut dazu gegeben sein. Durch Tabus und angstvolle Vermeidung werde einem humanen Verhalten kein Dienst erwiesen, so Wehkamp. Ganz zum Schluß führt er aus:

„Sowenig wie die Unterscheidung zwischen aktiver, passiver und indirekter Sterbehilfe trennscharf ist, so problematisch ist die Besetzung dieser Begriffe mit den Wertungen von gut und böse. Schon gar nicht eignen sich die Begriffe für ideologisierte Auseinandersetzungen prinzipieller Natur. Wenn es einer Gesellschaft gelingt, genügend Vertrauen und Sicherheit in die menschengerechte Versorgung und Betreuung ihrer schwächsten Mitglieder zu vermitteln, dann kann auch angstfreier und humaner über medizinische Entscheidungen am Lebensende gesprochen werden" (Wehkamp 1998, S. 24).

5.3.2 „Würzburger“ Studie von CSEF und Mitarbeitern

1998 wurde in der Deutschen Medizinischen Wochenschrift eine Studie mit ähnlicher Fragestellung wie bei Wehkamp und Mitarbeitern durchgeführt, allerdings mit einem wesentlich beschränkteren Einzugsgebiet. Aus allen tätigen Ärztinnen und Ärzten des Kreisverbandes Würzburg wurde eine Stichprobe von n=150 ausgewählt, die dann interviewt wurden. Dabei waren 44,1% Klinikärzte, 45,2% niedergelassene Ärzte. Internisten und Allgemeinmedizinier hatten einen Anteil von etwa 40%.

81% der gefragten Ärzte verneinten die Frage, ob sie ihrem moribunden Patienten ein tödliches Mittel geben würden, wenn er es wünschte und es gesetzlich erlaubt wäre. Mit „Ja“ antworteten lediglich 3,2% der Befragten (Csef et Heindl 1998).

Antwort	*N*	*%*
Nein	76	81.7
Ja	3	3.2
Ja, falls mir der Patient sehr gut bekannt ist	5	5.4
Ja, in aussichtslosen Situationen in der Kriegs- und Katastrophenmedizin, wenn keine Analgetika vorhanden sind	1	1.1
Ich weiß nicht	8	8.6

Tab. 16: Fragestellung an deutsche Ärzte: Würden Sie einem Moribunden auf dessen Wunsch bei legaler Gesetzeslage ein tödliches Mittel geben? (nach Csef und Heindl 1998, S. 1503)

Die Frage, ob es ihrer Meinung nach lebenswertes Leben und Situationen gäbe, in denen es nicht mehr lebenswert sei, wurde von etwas mehr als der Hälfte der Befragten mit „Nein“ (54,8.%) beantwortet. Diejenigen, die sich solche Situationen vorstellen konnten (44%), nannten das ausschließlich intensivmedizinisch aufrechterhaltene Leben (n als Zahl der Befragten, n =11), das Leben desorientierter, hilfloser Personen (n =9), Bewußtseinsverlust über Monate oder Jahre (n =9), das Leben moribunder Patienten (n =5), sich dem Ende neigendes Leben, das ausschließlich durch den Schmerz dominiert wird (n =5) (Csef et Heindl 1998).

Csef und Heindl kommen unter anderem zu der Schlußfolgerung, daß Umfragen auf Intensivstationen und Fachabteilungen mit besonders hohem Anteil von schwerstkranken Patienten andere Zahlen ergeben hätten.

Insgesamt unterscheide sich die deutsche Haltung gegenüber aktiver Sterbehilfe sehr von der niederländischen. Die Autoren äußern sich skeptisch gegenüber juristischen Regelungen der Sterbehilfe. Dies sei ein menschlich einzulösendes Problem.

6 Fazit

Ein eindeutiges Ergebnis läßt sich in dieser interdisziplinär und vielschichtig angelegten Arbeit zu Sterbehilfe in Europa nicht formulieren. Es sind mehrere Ergebnisse, jeweils in verschiedenen Ebenen, die im den folgenden Kapitel zusammengefaßt und kommentiert werden.

6.1. Europäische Länder: Zusammenfassung

6.1.1 Deutschland

Die landläufige Meinung, in Deutschland sei das Thema Sterbehilfe ein besonderes Tabuthema und würde daher nicht diskutiert, stimmt m. E. nicht. Es gibt in Deutschland eine seit mehr als 20 Jahren zumindest in den großen offiziellen Organen stattfindende Auseinandersetzung mit Sterbehilfe und Sterbebegleitung, in der von Anfang an der Patientenwille eine bedeutsame Rolle gespielt hat. Dies ist in den Richtlinien stets auch deutlich angesprochen worden. Es gab und gibt Richtlinien verschiedener Fachgesellschaften (Dt. Gesellschaft für Chirurgie, Dt. Gesellschaft für Gerontologie, BÄK, DGAI), die sich rational und praxisbezogen mit den verschiedenen Formen der Sterbehilfe auseinandergesetzt haben.

Der gelungene Versuch der Bundesärztekammer 1997, in den Diskussionsprozeß um ärztliche Richtlinien zu Sterbehilfe und Sterbebegleitung auch eine breitere Öffentlichkeit einzubeziehen, ist nach dem vorliegenden Material europaweit bislang einmalig.

In Deutschland und Österreich wird der Terminus „Euthanasie" vermieden, weil er Assoziationen mit den Morden an Behinderten und psychisch Kranken während des nationalsozialistischen Regimes weckt. Da es sich damals bei der sogenannten „Euthanasie" schlichtweg um Mord an bestimmten Bevölkerungsgruppen gehandelt hat, hat der Begriff inhaltlich mit dem, was heute unter dem Thema Euthanasie/ Sterbehilfe diskutiert wird, nichts zu tun. In der aktuellen Diskussion um die Gesetzesänderungen in den Niederlanden wird allerdings auch im deutschen Ärzteblatt von aktiver Euthanasie gesprochen.

Die öffentliche Debatte verläuft in Deutschland mit den gleichen verkürzten, verhärteten und prinzipiellen Argumenten wie in den anderen Ländern (u.a. Sachau 2000, Schobert 2000). Argumente, daß auch bei guter Begleitung und Schmerztherapie eines Todkranken der Wunsch nach Hilfe bei der Selbsttötung oder Tötung auf Verlangen nicht immer wird verhindert werden können, werden in der deutschen Debatte nur zögernd angeführt. Die meisten Artikel wenden sich in der aktuellen Debatte nach der niederländischen Strafrechtsänderung offen gegen aktive Sterbehilfe und propagieren Hospizpflege und Palliativtherapie, um das Problem zu umgehen (Eidlhuber 2001, Herzinger 2001, Wiedemann 2001).

Die katholische und evangelische Kirche, das Bundesjustizministerium, alle Parteien und die Ärzteschaft kritisieren die Entwicklung in den Niederlanden. Es wird dabei stets auf die Möglichkeit einer guten palliativen Versorgung Schwerstkranker verwiesen, die Vorrang vor dem selbstbestimmten Tod bei aussichtslosem Leiden habe.

Dies jedoch auch politisch umzusetzen, damit ausreichende Palliativpflege nicht nur ein frommer Wunsch bleibt, bleibt dahingestellt. In Göttingen und Greifswald existieren ambulante Palliativtherapiedienste, deren Finanzierung große Schwierigkeiten machen.[4]

Interessanterweise hat eine sofort im April 2001 durchgeführte Studie des Allensbach-Institutes ergeben, daß 70% der befragten Deutschen für die Legalisierung der aktiven Sterbehilfe wären (Umfrage 2000).

6.1.2 Niederlande

Die Niederlande haben bekanntermaßen einen eigenen Weg bezüglich der Handhabung der Euthanasie eingeschlagen. Inzwischen haben sie als erstes europäisches Land eine Änderung des Strafgesetzes beschlossen. Mit der Einführung des Gesetzes über die Kontrolle der Lebensbeendigung auf Verlangen und der Hilfe bei der Selbsttötung ist die aktive Sterbehilfe und die Hilfe beim Suizid durch Ärzte unter bestimmten Bedingungen gestattet.

In den Niederlanden greift die Debatte innerhalb der Ärzteschaft, der Öffentlichkeit und dem legislativen und judikativen Rahmen mehr ineinander als im übrigen Europa. Schon zu Beginn der 80er Jahre nahm die KNMG nach einigen Präzedenzfällen und einer regen Debatte die von den Ärzten offensichtlich geübte Praxis der Euthanasie in Empfehlungen auf und formalisierte sie. Der Gesetzgeber folgte dieser Entwicklung und legalisierte das Prozedere. In den 90er Jahren wurden regelmäßig Studien durchgeführt, die das Geschehen in der Praxis prüfen sollten.

---

[4] Das SUPPORT-Projekt in Göttingen wurde im Juni 2001 eingestellt.

Zu kurz kommt dabei - dies ist auch schon von Niederländern diskutiert worden -die Auseinandersetzung um die moralische Stellung von Sterbehilfe und der Aufbau von Strukturen zu einer Sterbebegleitung wie Palliativmedizin, Hospize und mobile Versorgungsteams für Schwerkranke.

6.1.3 England

Die Engländer haben in Bezug auf Rechte des Individuums gegenüber der Gesellschaft die längste und ausgeprägteste Tradition in Europa. In Bezug auf das Lebensende hat sich diese Tradition in der frühen Einrichtung von Häusern zur Sterbebegleitung Ende der 60er Jahre gezeigt. England hat daher bislang am meisten Erfahrung mit den Hospizen.

Die British Medical Association hat auf ihrer Homepage umfangreiches Material zu medizinethischen Fragen zur Verfügung gestellt. Ein besonderer Schwerpunkt liegt dabei auf den Entscheidungen am Lebensende. Zur Zeit läuft ein „Physician assisted suicide conference project", in dem Leser der medizinischen Berufe, aber auch andere eingeladen sind, sich mit Argumenten zu beteiligen. Auch hier wird - ähnlich wie in Deutschland 1997 zur Ausarbeitung der neuen Richtlinien zur Sterbebegleitung - der Diskussionsprozeß längerfristig angelegt und eine breitere Öffentlichkeit als nur ein ärztliches Komitee hinzugezogen. Offiziell halten die Engländer jedoch an ihrer strikten Ablehnung der aktiven Sterbehilfe fest, weil sie dadurch einen wesentlichen Grundsatz des gemeinschaftliche5n Zusammenlebens, das Tötungsverbot, verletzt sehen und ebenso wie die Deutschen um die Vertrauensbeziehung zwischen Arzt und Patient fürchten.

6.1.4 Skandinavien

In Schweden, Dänemark und Norwegen ist Sterbehilfe noch eher ein Tabuthema als in Deutschland und den Niederlanden. Bislang existieren dort nirgends Richtlinien für Sterbehilfe oder Sterbebegleitung für Ärzte. Es gibt nur die für alle drei Länder geltende Aussage des Nordic Medical Council, daß aktive Sterbehilfe durch Ärzte untersagt sei. Therapieabbruch- und -begrenzung wird allerdings in den skandinavischen Ländern mit der gleichen Selbstverständlichkeit gehandhabt wie im übrigen Europa, wie Vincent in seinen Studien zeigen konnte (Vincent 1990 und 1999). Immerhin muß aber berücksichtigt werden, daß Norwegen europaweiter Vorreiter der Entwicklung der medizinisch-professionellen Sterbebegleitung, der Palliativmedizin, ist. Seit 1984 ist Palliativmedizin als Fach im Medizinstudium etabliert und alle approbierten Ärzte müssen eine entsprechende Fortbildung nachweisen (Husebo et Klaschik 1998).

6.2 Aktuelle Entwicklungen

Aus der Analyse des verfügbaren Materials ergeben sich einige Schlußfolgerungen. In England, Frankreich, Deutschland und der Schweiz haben die jeweiligen Ärztekammern bzw. vergleichbare Organe Stellungnahmen zu Fragen der Sterbebegleitung und der Sterbehilfe veröffentlicht, die den praktizierenden Ärzten als Richtschnur dienen können. Alle Länder bis auf die Niederlande distanzieren sich offiziell von der aktiven Sterbehilfe. Sie ist standesethisch und juristisch untersagt.

Bezüglich der passiven und indirekten Sterbehilfe äußern sich England, Frankreich, Deutschland, Italien, Belgien und die Schweiz zustimmend, sofern es die Situation erfordere. Eine intensive Begleitung Sterbender und ihrer Familien im Rahmen von Palliativmedizin und Hospizen wird eindeutig als ärztliche Aufgabe angesehen und angesprochen, der Ausbau palliativer medizinischer Versorgung wird favorisiert. Therapiebegrenzung und -abbruch bei aussichtsloser Therapie sind standesethisch unter bestimmten Bedingungen akzeptiert.

Nach der Ratifizierung des „Gesetzes zur Kontrolle der Lebensbeendigung auf Verlangen und der Hilfe bei der Selbsttötung" durch die erste Kammer des niederländischen Parlamentes haben die anderen europäischen Länder erneut die Niederlande scharf kritisiert. Die Ratifizierung eines eigenständigen Sterbehilfegesetzes und die entsprechende Änderung im Strafgesetzbuch bedeutet eine qualitative Veränderung in der Handhabung der Sterbehilfe. Bisher war auch in den Niederlanden nach dem Strafgesetzbuch Tötung auf Verlangen strafbar. Man hatte sich auf die Anerkennung eines definierten Prozedere bei der aktiven Sterbehilfe geeinigt. Jetzt ist die Tötung auf Verlangen bei einer bestimmten Bevölkerungsgruppe - schwer und hoffnungslos Leidende - durch Ärzte unter Einhaltung der Sorgfaltskriterien und unter Kontrolle regionaler Kommissionen von der Strafverfolgung ausgeschlossen. Die Schweiz, Frankreich und Belgien planen inhaltlich ähnliche Strafgesetzbuchänderungen (Bericht des Bundesrates 2000, Ärzte-Zeitung 2001).

M. E. stellt der Bericht der schweizerischen Arbeitsgruppe „Sterbehilfe" vom März 1999 hilfreiche Weichen für die ärztliche Praxis. Der Bericht ist in bezug auf die medizinischen Situationen am Krankenbett genügend differenziert und befürwortet die ausdrückliche Regelung der drei Sterbehilfeformen. Die Mehrheit der Arbeitsgruppe favorisiert dabei einen gesonderten Absatz im Artikel 114 schweiz. StGB (Tötung auf Verlangen), der in Ausnahmefällen die aktive Sterbehilfe straffrei läßt.

Für Deutschland hatte dies bereits der Arbeitskreis von Strafrechts- und Medizinprofessoren 1986 formuliert, jedoch ist dies politisch bis heute nicht durchsetzbar.

England und Deutschland halten an ihrer öffentlichen rigorosen ablehnenden Haltung gegenüber der Legalisierung aktiver Sterbehilfe fest, obwohl inzwischen nachgewiesen ist, daß aktive Sterbehilfe in Norwegen, Dänemark, Belgien, den Niederlanden und eben auch in Deutschland und England durchgeführt wird.

In beiden Ländern scheint es aber noch wichtiger zu sein, an bestimmten Prinzipien festzuhalten, die in der Praxis längst unterlaufen werden.

6.3 Ungeklärte Problemschwerpunkte

6.3.1 Juristische und philosophische Probleme zur Sterbehilfe

Zunehmend ist in den medizinischen Richtlinien und in juristischen Kommentaren die Bedeutung des Patientenwillens hervorgehoben worden. Untrennbar verbunden ist damit die Akzeptanz der Autonomie eines Kranken auch und gerade bei Fragen, die sein mögliches Lebensende betreffen. In den Niederlanden ist die Respektierung der Autonomie des mündigen rationalen Mitbürgers, der von schwerer Krankheit heimgesucht wird, das Hauptargument für die breite öffentliche Akzeptanz der Euthanasie und der im April 2001 durchgeführten Änderung des Strafgesetzbuches.

Es gibt eine lange philosophische und medizinethische Debatte um Fragen der menschlichen Autonomie. Sie ist jedoch bisher kaum genauer in den Zusammenhang der Sterbehilfe gestellt worden. Genauer heißt hier: über die bloße Feststellung hinaus, daß der aufgeklärte, mündige Bürger am Beginn des 21. Jahrhunderts grundsätzlich das Recht hat, die Form seines Lebensendes selbst zu bestimmen.

Die Kernfrage ist, ob und inwieweit der aufgeklärte, mündige, sich selbst verantwortende Mensch im Krankheitsfalle das Recht auf Selbstbestimmung wahrnehmen kann und wieviel Verantwortung er auf den Arzt und die medizinischen Institutionen überträgt, weil existentielle körperliche Bedrohung den normalen Umgang mit Vernunft und Selbstverantwortung erschweren oder unmöglich machen.

Mit der hochtechnisierten Medizin sind Krankheits- und Sterbeverläufe anders geworden und bergen andere, länger andauernde Risiken und damit Abhängigkeiten als alle früheren Menschheitsgenerationen dies erlebt haben. So eindrucksvoll gradlinig das Leben und Sterben von Sokrates und Seneca verlief, so beeindruckend die mittelalterliche Ars moriendi ist und die Überlegungen des Thomas Morus, so ist die Entwicklung der medizinischen Möglichkeiten heute weiter fortgeschritten.

Auch Menschsein selbst hat sich im Laufe der Jahrhunderte verändert. Möglichkeiten und Fähigkeiten des Menschen haben sich teils erweitert, teils wurden sie zurückgedrängt. Hauptmerkmal des Menschen seit der Aufklärungszeit ist die überragende Bedeutung der Vernunft. Die Bedeutung der Verantwortung für sich und andere hat besonders in den letzten Jahrzehnten sehr zugenommen. Im Krankheitsfalle drängt sich jedoch das Körperliche und die kreatürliche Angst um das Überleben nach vorn. Die üblichen rationalen Problemlösungsstrategien reichen dann nicht immer aus; auch die Wahrnehmung von der Welt und der eigenen Person verändert sich und springt aus dem Vernunftrahmen heraus.

In diesem Entwicklungsprozeß können ein Teil von Verantwortung und Entscheidungskompetenz übertragen werden.

Die Frage in der medizinischen Praxis mit Sterbenden lautet gar nicht so rigoros, ob ein Mensch überhaupt Willensfreiheit und Verantwortung für sich selbst hat oder nicht, sondern vielmehr wieviel Verantwortung der Mensch wann unter welchen Bedingungen an wen übertragen kann?

Diese grundsätzliche philosophische Frage wird in der Sterbehilfediskussion in Deutschland meist nur indirekt über juristische Probleme angesprochen: in jüngster Zeit verstärkt sich in den Präzedenzfällen das Hin- und Herschieben von Verantwortungskompetenzen bei Therapieabbrüchen zwischen Ärzten, Vormündern, den Vormundschaftsgerichten und dem mutmaßlichen Willen des Patienten (vgl. Kap. 5.1.1, auch Verrel et Schmidt 1998).

Die Niederländer haben mit der Verabschiedung des Gesetzes zur Kontrolle der Lebensbeendigung die Frage einfach beantwortet: der aufgeklärte Mensch hat in jedem Stadium seiner Erkrankung, sofern er nicht bewußtseinsgetrübt ist, das Recht, über sein eigenes Lebensende zu bestimmen und die Gesellschaft muß dies ermöglichen. Alle anderen europäischen Länder tun sich weniger leicht mit der Beantwortung dieser Frage.

Die Skandinavier und auch die Engländer haben einen pragmatischen Weg eingeschlagen, in dem das Sterben durch Hospize und andere Einrichtungen begleitet wurde. So wurde im Falle Norwegens, im Rahmen der Palliativmedizin relativ früh das Sterben als Problem der Medizin angenommen.

6.3.2 Medizinische Probleme der Sterbehilfe

In der jüngsten Auseinandersetzung um die Sterbehilfe bei Sterbenden und Nicht-Sterbenden kristallisieren sich zwei Stichwörter mit scheinbar medizinischem Schwerpunkt heraus.

Der eine Schwerpunkt wird bestehen bleiben, solange es Menschen gibt: die Erkennung des „Point of no return“. Gemeint ist der Zeitpunkt, an dem ein Sterbeprozeß eingesetzt hat. Er ist deshalb so wichtig, weil sich hier die nicht erlaubte aktive von der akzeptierten passiven und indirekten Sterbehilfe und gleichzeitig die Hilfe zum Sterben von der Hilfe beim Sterben trennen. Dies ist moralisch, juristisch und standesethisch eine wichtige Unterscheidung.

In der Regel läßt sich jedoch dieser „Punkt ohne Umkehr“ nicht ausmachen. Meist kann man erst nach dem Tod eines Menschen einen engen Zeitrahmen festlegen, in dem sich der Verlauf zum Tode gewendet hat. Während des Geschehens bleibt immer eine prinzipielle prognostische Unsicherheit bestehen.

Der zweite Problemschwerpunkt ist die Bewertung, wie eine künstliche Ernährung einzustufen sei. Gehört sie zur Basispflege als Nahrung schlechthin, die zu erhalten zu den Grundrechten von Menschen gehört oder ist es eine medizinische Maßnahme?

Kompliziert wird die Sache noch durch verschiedene Möglichkeiten „künstlicher“ Ernährung. Erstens gibt es die totale parenterale Ernährung, die als sterile Nährlösungen im Handel sind und nur durch einen zentralen Venenkatheter appliziert werden können. Und zweitens gibt es die enterale Ernährung, ebenfalls fertig hergestellten Ernährungskonzentrate, die über eine Magensonde oder eine PEG-Sonde verabreicht werden.

Die Rechtsprechung hat sich quer durch Europa in Fällen von Therapieabbruch bei Nicht-Sterbenden so geäußert, daß in diesen besonderen Fällen die Ernährung als medizinische Maßnahme gilt und daher auch eingestellt werden dürfe, wenn es dem erklärten oder mutmaßlichen Willen des Patienten entspricht. Damit rückt die Unterlassung der Gabe von Nahrung in die Nähe passiver Sterbehilfe und ist damit akzeptiert.

M.E. ist dies ein unausgesprochener Etikettenschwindel, weil es sich bei den Präzedenzfällen um Nicht-Sterbende gehandelt hat und passive Sterbehilfe nur dann durch Therapieeinstellung oder -begrenzung geleistet werden darf, wenn der Sterbevorgang schon eingesetzt hat.

De facto wurde bei den Präzedenzfällen jeweils bei einem schwerstkranken Menschen, der sich nicht im Sterbeprozeß befand, durch Unterlassen der Ernährung der Sterbeprozeß eingeleitet. Intention war dabei die Tötung des Menschen unter der Annahme, daß dies seinem mutmaßlichen Willen entspricht. Insofern sind diese Präzedenzfälle als juristisch anerkannte Ausnahmen aktiver Sterbehilfe zu werten, entgegen der jeweils geltenden Gesetze und Standesrichtlinien. Die Diskussion, ob künstliche Ernährung eine medizinische Maßnahme ist oder nicht ist im Grunde unwichtig. Sie ist ein Nebenschauplatz, bei dem die Möglichkeit der Interpretation als passive Sterbehilfe suggeriert wird. Es geht nicht um das Zulassen eines Sterbeprozesses, sondern um das Einleiten dieses Prozesses.

6.3.3 Methodische Probleme

Die Beschäftigung mit dem Thema Sterbehilfe zeigt besonders deutlich das schwierige Verhältnis zwischen Theorie und Praxis, und das gleich in mehrerer Hinsicht.

Es ist in verschiedenen Studien, die in dieser Arbeit vorgestellt wurden, der Versuch unternommen worden, Licht in die Grauzone der Praxis der Sterbehilfe zu bringen, sprich Zahlen über das tatsächliche Ausmaß zu erhalten.

In Tabelle 15 ist noch einmal in einer Übersicht aufgeführt, wie unterschiedlich die Fragestellungen und die methodischen Ansätze waren, wie unterschiedlich die befragte Ärzteklientel, wie unterschiedlich die Zahlen der Befragten und das Einzugsgebiet. Ein direkter Vergleich der Zahlen ist damit ausgeschlossen, es lassen sich allenfalls Tendenzen vergleichen, wie in den vorangegangenen Kapiteln gezeigt wurde. Den Studien liegen Interviews und Fragebögen zugrunde, beides klassische Methoden der empirischen Sozialforschung und damit behaftet mit den klassischen Fehlerquellen.

Wichtig ist besonders das Validitätsproblem bei Interviews:

„*1. Versteht der Befragte das Gleiche unter der Frage/ den Antwortvorgaben wie der Forscher?*
2. Sagt der Befragte, was er denkt?
3. Handelt der Befragte so, wie er sagt?" *(Friedrichs 1980, S. 224f).*

Bei Fragen zur geübten Praxis der aktiven Sterbehilfe muß man berücksichtigen, daß es sich um ein standesethisch, gesamtgesellschaftlich moralisch und juristisch verbotenes Terrain handelt, dessen Betreten existentielle Konsequenzen für den Handelnden haben kann. Die deutsche Gesellschaft hat dies an Prof. Hackethal eindrücklich gezeigt .

Im Falle der Durchführung aktiver Sterbehilfe droht Gefängnis bis zu 15 Jahren, es droht ein standesgerichtliches Verfahren, ggf. Entzug der Approbation und damit der beruflichen Existenz, es drohen Reputationsverlust und nicht zu kalkulierende private Schwierigkeiten.

Vor dieser Drohung steht jeder Arzt, der mit aktiver Sterbehilfe in Berührung kommt. Die unmittelbare Realität vor Ort, im Krankenhaus, im Team, mit dem Patienten sieht jedoch anders aus. Der Richter ist weit. Gerichte können nur das verurteilen, was zur Anklage kommt und was nachweisbar ist. Viel wichtiger vor Ort ist die Haltung der Vorgesetzen, die Haltung der Mitarbeiter, das Verhältnis zum Patienten und den Angehörigen, die Haltung des Patienten und der

Angehörigen und nicht zuletzt die eigene Einstellung, das Ausmaß eigener ärztlicher Erfahrung. Institutionalisierte oder noch freie Kommunikationsstrukturen für Entscheidungen am Lebensende sind ebenfalls außerordentlich wichtige und bei den bisherigen Studien nicht berücksichtigte Faktoren im Umgang mit Sterbehilfe.

Wer redet wann mit wem? Wie ist das Verhältnis der chirurgischen Abteilungen untereinander und zur anästhesiologischen Abteilung? Gibt es festgelegte Konferenzen für Entscheidungen am Lebensende? Gibt es Komplikationskonferenzen? Wer wird beteiligt? Werden diese Fragen überhaupt besprochen? Werden sie nebenbei bei Visiten besprochen? Das Validitätsproblem ist bei der aktiven Sterbehilfe gravierender als bei anderen Themen.

Man muß von einer Art innerer und äußerer Haltung der Ärzte in dieser Frage ausgehen. Aktive Sterbehilfe ist ein ethisches Dilemma, in das Ärzte hineingeraten können. Es ist eine Pflichtenkollision zwischen Leben erhalten müssen, es aber nicht zu können, zwischen Leiden mindern und dies ebenfalls nicht ausreichend zu können. Die Lösung des Dilemmas wäre, das Leben des Patienten und damit das Leiden zu beenden. Dies wiederum rührt an ein gesellschaftliches Tabu: das absolute Tötungsverbot.

Die geäußerte Meinung der Ärzte stimmt häufig mit den gesellschaftlichen Normen überein. Aktive Sterbehilfe ist keine ärztliche Aufgabe, jeder Arzt, der solches tut, steht im Widerspruch zu seiner Profession.

Die innere Haltung eines Arztes erwächst aus der Situation zwischen Arzt und Patient, der Entwicklung des Krankheitsverlaufs, der Beziehung zueinander, aus der Haltung der Angehörigen und natürlich aus seinen ganz persönlichen Sozialisationsbedingungen. Wehkamp hat dokumentiert, daß es sich bei aktiver Sterbehilfe in Deutschland häufig um eine Tat handelt, die Verwandten, Berufskollegen und Freunden von Ärzten zuteil werde, wo man sicher sein könne, daß die Betroffenen wüßten, um was es gehe (Wehkamp 1998).

Land	*Autoren/ Erscheinungsjahr*	*Fragestellung*	*Methode/ Zahl der Auswertungen*	*befragte Fachrichtungen*
Deutschland	WEHKAMP et al. 1998 KIRSCHNER et ELKELES 1998	Wie ist die Einstellung von Ärzten zu den unterschiedlichen Formen der Sterbehilfe? Wieviel praktische Erfahrung liegt vor?	Fragebogen und Interviews in Deutschland Vorstudie: n=50 persönliche Interviews, Hauptstudie: n=191 (101 telefonische Interviews, 90 Fragebogen) Fehlerquelle: Hauptstudie: vornehmlich Antworten älterer, männlicher, berufserfahrener Ärzte	niedergelassene Allgemeinmediziner und Internisten Krh.: Intensivärzte, Chirurgen, Onkologen, Internisten
Deutschland	CSEF et al. 1998	Würden Sie in bestimmten Fällen aktive, passive oder indirekte Sterbehilfe durchführen, wenn es erlaubt wäre? Gibt es nicht mehr lebenswertes Leben?	Halbstandardisiertes Interview im Kreisverband Würzburg n= 150 Fehlerquelle: Befragung nur in einem begrenzten Gebiet	niedergelassene Ärzte (Allgemeinmedizin u. a.) Krh: Internisten, Chirurgie, Gynäkologie, Neurologie u. a. Fehlerquelle: keine Anästhesie dabei, unklar wieviel Erfahrung mit Todkranken täglich vorhanden
Niederlande	VAN DER MAAS et al. 1996	Welche Veränderungen haben sich seit der Einführung der „Meldeprozedur Euthanasie" ergeben?	Fragebogen in den Niederlanden n =6060 Interviews in den Niederlanden n=405	Hausärzte, Klinikärzte, Pflegeheimärzte
Dänemark	FOLKER et. al. 1996	Wie ist die Einstellung zur Euthanasie? Welche praktischen Erfahrungen liegen vor?	Fragebogen in Dänemark n= 314	zufällig ausgewählt: Allgemeinmedizin, innere Medizin, Chirurgie, Anästhesie u.a.
Belgien	DELIENS et MORTIER 2000	Wie häufig werden aktive Sterbehilfe und andere Entscheidungen am Lebensende durchgeführt ?	Fragebogen (Design von den Niederländern übernommen) in Flandern n=1355	niedergelassene Allgemeinmedizinier und Klinikärzte Fehlerquelle: keine Angaben über Fachrichtungen.

Land	*Autoren/ Erscheinungsjahr*	*Fragestellung*	*Methode/ Zahl der Auswertungen*	*befragte Fachrichtungen*
Norwegen	FÖRDE et al. 1997	Wie ist die Meinung und praktische Erfahrung mit Entscheidungsdilemmata am Lebensende?	Fragebogen in Norwegen n= 980 Fehlerquelle: Studie hatte einen anderen Schwerpunkt. Fragen zu Entscheidungsilemmata am Lebensende waren nur am Rande	Psychiatrie, innere Medizin, Amtsärzte, Allgemeinmedizin, Chirurgie, Labormedizin Fehlerquelle: es muß unterstellt werden, daß teilweise keine praktische Erfahrung im Umgang mit Sterbenden vorliegt
England	WARD et TATE 1994	Wie stehen Ärzte zum Wunsch nach aktiver Euthanasie und wie oft wird sie praktiziert?	Fragebogen in einem unbenannten Gebiet n= 273 Fehlerquelle: Befragung nur in einem begrenzten Gebiet.	Niedergelassene Allgemeinmediziner, Krankenhausärzte (keine weiteren Angaben) Fehlerquelle: keine Angaben über Fachrichtungen. Schwierig auszuwerten
Italien	GRASSI et al. 1999	Welche Haltung haben Ärzte zu den verschiedenen Sterbehilfeformen?	Fragebogen im Gebiet Ferrara und Umgebung n= 330 Fehlerquelle: Befragung nur in einem begrenzten Gebiet.	Niedergelassene Allgemeinmedizinier und Ärzte der Universitätsklinik Fehlerquelle: nur teilweise Angaben über Fachrichtungen.

Tab. 17: Design der europäischen Studien zur Haltung und Erfahrung von Ärzten in bezug auf Sterbehilfe (modifiziert nach Wernstedt et al. 2000, S 227)

Insofern ist davon auszugehen, daß in den Studien, die auf Fragebögen basieren, eher die äußere, gesellschaftskonforme Haltung der Ärzte zutage tritt und die so gewonnenen Zahlen und Erkenntnisse nicht mit der inneren Haltung und der geübten Praxis übereinstimmen.

Daß die Fragebogenmethodik bei diesem Thema sehr kritisch zu betrachten ist, wird auch von allen Autoren erwähnt. Vincent äußerte sogar noch weitergehend den Satz: „...data computerization does not allow full expression of complex feelings and opinions“ (Vincent 1990, S. 261), Deliens et al. formulierten in der belgischen Sterbehilfe-Studie, daß bei ethisch brisanten Themen die Zahlen eher unter- als überschätzt werden (Deliens et al. 2000).

6.4 Lösung der methodischen Probleme zum europäischen Vergleich: Struktur und Situationsanalyse

Wie im vorangegangenen Kapitel begründet, lassen sich die in den bisherigen Studien gewonnen Zahlen nicht direkt vergleichen und in einen Zusammenhang stellen.

Einzig Vincent hatte von vornherein einen größeren europäischen Rahmen für seine Studien gewählt. Allerdings hat er sich auf Fragebögen beschränkt und keine Interviews geführt. Da beiden Studien der gleiche Fragebogen zugrunde lag, sind zumindest die Ausgangsbedingungen vergleichbar.

Wehkamp äußerte in seiner deutschen Studie:

„Durch das persönliche Gespräch, vermittelt über uns bekannte 'Bürgen', konnten wir mehr Offenheit erreichen als in der späteren Hauptstudie, von der anzunehmen war, daß viele Befragte sich sehr vorsichtig äußern würden. Tatsächlich zeigt sich im Vergleich von Pretest und Hauptstudie deutlich, daß unter Bedingungen, die die Vertrauensbasis zwischen Interviewern und Befragten verbessern, eine höhere Offenheit im Antwortverhalten möglich wird.
Die in dieser Hinsicht interessanten Unterschiede zwischen Vor- und Hauptstudie verdeutlichen die Problematik der angewendeten empirischen Methode bei ethisch brisanten Themen. Da ethische Themen immer verbunden sind mit persönlichen Wertungen, mit je unterschiedlichen Haltungen zur Welt und zum Menschsein, ist ihre Behandlung niemals nur auf der Sachebene zu vollziehen, sondern schließt die Beziehungsebene immer schon mit ein. Das bedeutet, daß bei Befragungen zu solchen ethischen Themen auch die persönliche Integrität der Befragten zur Disposition steht, sie also in hohem Maße verletzlich sind" (Wehkamp 1998, S. 8-9).

In der von Wehkamp et al. durchgeführten Hauptstudie wurde den Ärzten angeboten, ein telefonisches Interview oder einen Fragebogen zu beantworten. In den Kliniken zogen es meistens die leitenden Ärzte einer Abteilung vor, die Interviews zu führen. Wehkamp schreibt:

„Die leitenden Ärzte stellten sich m. E. eher beschwichtigend vor ihre Abteilung. Wäre die Hauptstudie nach Art der Vorstudie geführt worden, was einen erheblich höheren Aufwand bedeutet hätte, wäre dadurch auch das Vertrauensverhältnis zwischen Interviewer und Proband besser gewesen, so wären die Ergebnisse vermutlich noch deutlicher ausgefallen" (Wehkamp 1998, S. 10).

Es gibt einen weiteren Kritikpunkt an den bisherigen Studien, der zu wenig berücksichtigt wurde, ausgenommen von Wehkamp.

Es ist von Krankenhaus zu Krankenhaus sowie von Fachabteilung zu Fachabteilung sehr unterschiedlich, wie im Team der Ärzte und Mitarbeiter mit dem Thema Sterbehilfe, Therapiebegrenzung und Therapieabbruch umgegangen wird. Dies hängt von der Einstellung der Abteilungsleiter, von Oberärzten, von Abteilungstraditionen, von der Kommunikation untereinander und dem Hierarchiegefälle und damit dem gegenseitigen Respekt ab.

Hinzu kommt, daß es niedergelassene Fachärzte, niedergelassene Allgemeinmediziner und Krankenhausärzte in neurologischen, internistischen, chirurgischen und anästhesiologischen Abteilungen - um nur die wichtigsten zu nennen - mit unterschiedlichen Krankheitsbildern und Krankheitsverläufen zu tun haben, die auch den Umgang mit Entscheidungen am Lebensende prägen.

Kurz zusammengefaßt kann man die Schwächen der bisherigen Forschungsansätze zu Entscheidungen am Lebensende folgendermaßen benennen:

1. In Fragebogenaktionen und kurzen, relativ anonymen Interviews führt das Validitätsproblem zu Verzerrungen der Ergebnisse.
2. Ein Vergleich der gewonnen Zahlen in den Einzelstudien europäischer Länder ist bislang noch nicht möglich wegen der unterschiedlichen Fragemethoden sowie der Anzahl und Zusammenstellung der befragten Ärzte.
3. Die Haltung von Klinikärzten muß getrennt von der Haltung von niedergelassenen Ärzten betrachtet werden, weil die Arbeitsbedingungen und Krankheitsbilder und -verläufe zu verschieden sind.
4. Ebenfalls stärker berücksichtigt werden müssen die unterschiedlichen Krankheitsbilder der Fachdisziplinen. Es sollte eine Auftrennung mindestens nach Anästhesie, Allgemeinchirurgie, Neurochirurgie, Innere Medizin und Neurologie erfolgen.
5. Die internen Arbeitsbedingungen wie Hierarchie, Altersstruktur der Ärzte, Kommunikation untereinander, Wertschätzung des Themas müssen deutlich herausgearbeitet werden.
6. Kliniken sollten eine vergleichbare Größe und Struktur haben.
7. Es muß berücksichtigt werden, daß es sich um ein ethisches Thema handelt und damit letztlich die Integrität der Antwortenden zur Disposition steht.

Salomon hat in Anlehnung an Sporken zum Thema „Leben und Sterben in der Intensivmedizin“ (Salomon 1996) ein Verfahren entwickelt, mit dem diese Punkte gut erfaßt werden können. Es wird hier verkürzend als Situationsanalyse bezeichnet, obwohl bei Salomon die „Situationsanalyse“ ein von insgesamt fünf Punkten ist. Dennoch beschreibt es m. E. das Verfahren prägnant in Abgrenzung zur Methode der empirischen Sozialforschung.

Die „Situationsanalyse“ umfaßt fünf Schritte, die im folgenden zitiert werden:

„1. Wichtiger Ausgangspunkt ist die gründliche Beschreibung der Situationen, in denen die nach Klärung drängenden Fragen auftauchen...
„2. Zur Beschreibung der Situation gehört die Zusammenstellung der jeweils gegebenen Lösungsmöglichkeiten...
3. Die üblichen Entscheidungsmotive und -maßstäbe sowie die bestehenden Handlungsprinzipien sind zu erfassen....
4. Handlungsmaßstäbe, Werte und Menschenbild müssen von diesem Weg gesondert zunächst situationsabhängig erarbeitet werden...
5. Aus diesen Maßstäben sind situationsbezogene Handlungshilfen abzuleiten“ (Zitate 1-5: Salomon 1996, S. 20-22).

Salomon schreibt zu Recht, daß umfassende Situationsanalysen notwendig sind, wenn nicht durch einseitige Analysen Antworten unzureichend und auch unangemessen werden sollen.

Erweitert werden sollten die Überlegungen von Salomon um den Punkt, daß die Organisationsstrukturen des Krankenhauses berücksichtigt werden müssen und dann auf der Basis einer Struktur- und Situationsanalyse der Krankenhauswirklichkeit vor Ort derzeitige Praktiken bei Entscheidungen am Lebensende herausgearbeitet werden und daraus folgend Möglichkeiten der Verbesserung von Kommunikationsstrukturen erarbeitet werden können.

Auf einen europäischen Maßstab bezogen bedeutet dies, daß man, um diesem ethisch brisanten Thema gerecht zu werden, eine sorgfältige Abgleichung der zu untersuchenden Krankenhäuser und Arztpraxen durchführen muß. Die Situationen, in denen Entscheidungen am Lebensende entstehen, müssen genau beschrieben werden, ebenso wie die Umgebungsfaktoren, unter denen sich diese Entscheidungsprozesse vollziehen. Voraussetzung dabei ist, daß zwischen dem Forscher bzw. dem Fragenden und den Beobachteten ein Vertrauensverhältnis entsteht. Hier spielt die Kenntnis der Landesprache eine wichtige Rolle.

Werden diese Faktoren in die Forschung miteinbezogen, so wird man eher zu aussagekräftigen Zahlen zur Praxis aktiver, passiver und indirekter Sterbehilfe gelangen und eine innereuropäische Vergleichbarkeit erzielen können.

7 Zusammenfassung und Ausblick

Da medizinethische Fragestellungen stets vom gesamtgesellschaftlichen Kontext und dem Stand der medizinischen Wissenschaft abhängen, ist eine abschließende Bewertung eines medizinethischen Problems kaum möglich.

In den hier angeführten europäischen Ländern ist deutlich eine Tendenz zu erkennen, dem Willen des erkrankten Menschen einen größeren Spielraum zuzumessen und Entscheidungen am Lebensende nicht als einsame ärztliche Entscheidungen zum Wohle des anvertrauten Patienten zu fällen, sondern im Konsens mit dem erklärten oder mutmaßlichen Willen des Erkrankten und Sterbenden, seinen Angehörigen, den Pflegenden und den behandelnden ärztlichen Kollegen.

Dabei ist in der Praxis der Blickwinkel der behandelnden Ärzte ein anderer als der der mitleidenden Angehörigen oder der Juristen. Die behandelnden Ärzte sind nicht nur Vollstrecker eines geäußerten oder mutmaßlichen Patientenwillens in Bezug auf Behandlungsabbruch oder Therapieverzicht, in einigen Fällen auch der Tötung auf Verlangen, sondern sie gestalten wesentlich den Sterbeprozeß eines Menschen mit. Dies beginnt mit der Entscheidung, wo und wie ein kranker Mensch am besten behandelt werden kann, solange das therapeutische Ziel die Heilung oder zumindest wesentliche Linderung der Erkrankung ist.

Auch die Entscheidung, ob sich das Therapieziel bei infauster Prognose zur Erhaltung von Lebensqualität ändert, ist im wesentlichen eine medizinische, wenn auch der Kranke mit seinen Lebensvorstellungen selbstverständlich einen großen Anteil daran hat. Es bleibt bei allen Fragen zur Selbstbestimmung des Menschen und dem breiten Raum, der dieser Selbstbestimmung eingeräumt wird, eine ärztliche Entscheidung, ob eine Therapie als medizinisch sinnvoll gilt oder nicht. Es kann den behandelnden Ärzten und den Pflegenden ihrerseits nicht zugemutet werden, sinnlose Therapien zu verlängern, weil Patienten oder Angehörige dies verlangen. Zuweilen kann es jedoch gut sein, einen Therapieabbruch einige Stunden, vielleicht auch ein bis zwei Tage hinauszuzögern, um den zurückbleibenden Angehörigen Zeit zu lassen, den nahen Tod zu akzeptieren. Dies ist mit dem Ausdruck gemeint, daß die behandelnden Ärzte nicht nur Willensvollstrecker sein können.

Weder haben sie das abstrakte Menschenbild des mündigen und autonomen Vernunftwesens am Krankenbett zu beweisen, noch sind sie reine Dienstleister des Erkrankten und seiner Angehörigen und der Gesellschaft.

Bei der Ermittlung des mutmaßlichen Willens des Kranken gehen die behandelnden Ärzte in aller Regel von der subjektiven Wahrhaftigkeit der Äußerungen Angehöriger aus. Es wird nicht unterstellt, daß Angehörige schnell ihr Erbe antreten wollen.

Zu wenig Berücksichtigung findet wahrscheinlich der Umstand, daß Angehörige von einer langen Pflegezeit körperlich und emotional erschöpft sind und die Äußerungen des Kranken in bezug auf das gewünschte Lebensende durch diese Erschöpfung gekennzeichnet sein können.

Bei Behandlungsverzicht oder Therapieabbruch im Krankenhaus eine Situation zu schaffen, in der ein Kranker seinerseits Abschied nehmen kann, oder wenn er bewußtlos ist, beim Sterben keine Schmerzen, keine Luftnot, keinen Hunger und keinen Durst leidet, in der Angehörige den Tod annehmen können, in der nicht das Gefühl des Abgeschobenseins entsteht und andererseits der Abschied nicht von den zuweilen hektischen Maßnahmen um den Lebenserhalt anderer Menschen gestört wird, gehört zu den ärztlichen Aufgaben um einen Euthanatos. Erfahrungsgemäß ist dabei nicht die Ermöglichung der heutigen Idealvorstellung eines schmerzfreien Todes im Kreise der Angehörigen zu Hause maßgeblich, sondern das Bemühen aller am Heilungs- und später Sterbeprozeß Beteiligten, auf die individuellen Bedürfnisse der Kranken und ihrer Angehörigen einzugehen. In der Praxis gelingt ein gutes Sterben auch unabhängig von äußeren Bedingungen, wenn die Beteiligten die Einzigartigkeit des Geschehens sehen und gestalten können, auch wenn es immer unvollkommen bleibt.

8 Literatur

(Juristische Zeitschriften s. Abkürzungsverzeichnis, medizinische Zeitschriften nach Index Medicus)

Aulbert E (1998): Prinzipien in der Symptomenkontrolle in der Palliativmedizin. Zentralbl Chir 123, 632-636

Arbeitsgruppe „Sterbehilfe" des Eidgenössischen Justiz- und Polizeidepartments: Sterbehilfe. Bericht der Arbeitsgruppe an das Eidg. Justiz- und Polizeidepartment. Eidgenössisches Justiz- und Polizeidepartment Bern 1999

Ärzte-Zeitung (2001): Aktive Sterbehilfe in Frankreich bald legal? Ärzte-Zeitung, 3. 3. 2001. www.arztonline.de

BÄK (1979): Richtlinien für die Sterbehilfe. Dtsch Ärztebl 14, 957-960

BÄK (1993): Richtlinien für die Sterbebegleitung. Dtsch Ärztebl 90, 1628-1629

BÄK (1997/1998): Entwurf der Richtlinie zur ärztlichen Sterbebegleitung und den Grenzen zumutbarer Behandlung vom 25. 4. 1997, in: Sterbebegleitung und Sterbehilfe; hrsg. v. Schell W; Brigitte Kunz Verlag, Hagen 1998, 119-122

BÄK (1998): Grundsätze der Bundesärztekammer zur ärztlichen Sterbebegleitung. Dtsch Ärztebl 95, 1852-1853

Baumann J, Bochnik H J, Brauneck A-E, Callies R-P, Carstensen G, Eser A, Jensen H-P, Kaufmann A, Klug U, Koch H-G, v. Lutterotti M, Perels M, Rolinski K, Roxin C, Schöch H, Schöne W, Schreiber H-L, Schüler-Springorum H, Teyssen J, Wawersik J, Wolfslast G, Zülch K-J: Alternativentwurf eines Gesetzes über Sterbehilfe, Thieme Verlag, Stuttgart 1986

Beck D, Göttingen: Aufzeichnung zum Krankheits- und Sterbeverlauf bei metastasiertem Mamma-Carcinom, schriftliche Mitteilung 1994.

Beleites E (1998): Wegweiser für ärztliches Handeln. Grundsätze der Bundesärztekammer zur ärztlichen Sterbebegleitung. Dtsch Ärztebl 39, 1851-1852

Benseler: Griechisch-Deutsches Wörterbuch, 17. Auflage; Enzyklopädie Verlag Leipzig 1981.

Benzenhöfer U: Der gute Tod. Euthanasie und Sterbehilfe in Geschichte und Gegenwart. Verlag C. H. Beck, München 1999

Binding K, Hoche A: Die Freigabe der Vernichtung lebensunwerten Lebens. Ihr Maß und ihre Form. 2. Auflage. Felix Meiner Verlag Leipzig 1922.

BMA, London: End of life decisions. Views of the BMA. Schriftliche Mitteilung 1997

BMA: PAS (= Physician assisted suicide) conference project. 1998. www.bma.org.uk

BMA: End of life decisions. Views of the BMA. 2000. www.bma.org.uk

Bosch J: Italien; in: Koch H-G, Eser A,: Materialien zur Sterbehilfe: Eine internationale Dokumentation. Beiträge und Materialien aus dem Max-Planck-Institut für Ausländisches und Internationales Strafrecht; Eigenverlag Max-Planck-Institut, Freiburg im Breisgau 1991, 393-407

Bürgerliches Gesetzbuch, 46. Auflage, Deutscher Taschenbuch Verlag, München 2000
Christakis N A, Asch D A (1993): Biases in how physicians choose to withdraw life support. Lancet 342, 642-646
(Cornils 1991 a) = Cornils K: Dänemark; in: Koch H-G, Eser A,: Materialien zur Sterbehilfe: Eine internationale Dokumentation. Beiträge und Materialien aus dem Max-Planck-Institut für Ausländisches und Internationales Strafrecht; Eigenverlag Max-Planck-Institut, Freiburg im Breisgau 1991, 507-517
(Cornils 1991 b) = Cornils K: Norwegen; in: Koch H-G, Eser A,: Materialien zur Sterbehilfe: Eine internationale Dokumentation. Beiträge und Materialien aus dem Max-Planck-Institut für Ausländisches und Internationales Strafrecht; Eigenverlag Max-Planck-Institut, Freiburg im Breisgau 1991, 534-543
(Cornils 1991 c) = Cornils K: Schweden; in: Koch H-G, Eser A,: Materialien zur Sterbehilfe: Eine internationale Dokumentation. Beiträge und Materialien aus dem Max-Planck-Institut für Ausländisches und Internationales Strafrecht; Eigenverlag Max-Planck-Institut, Freiburg im Breisgau 1991, 544-555
Csef H, Heindl B (1998): Einstellungen zur Sterbehilfe bei deutschen Ärzten. Dtsch Med Wochenschr 123, 1501-1506
Dearing A, Schwarz O: Österreich; in: Koch H-G, Eser A,: Materialien zur Sterbehilfe: Eine internationale Dokumentation. Beiträge und Materialien aus dem Max-Planck-Institut für Ausländisches und Internationales Strafrecht; Eigenverlag Max-Planck-Institut, Freiburg im Breisgau 1991, 557-579
Deliens L, Mortier F, Bilsen J, Cosyns M, Stichele R V, Vanoverloop J, Ingels K (2000): End-of-life-decisions in medical practice in Flanders, Belgium: a nationwide survey. Lancet 356, 1806-1811
Deutsche Gesellschaft für Chirurgie (1979): Resolution zur Behandlung Todkranker und Sterbender. Ärztliche und rechtliche Hinweise. Anästhesist 28, 357-58
Deutsche Gesellschaft für Chirurgie (1996/1998): Leitlinie zum Umfang und zur Begrenzung der ärztlichen Behandlungspflicht in der Chirurgie vom 13. 9. 1996, in: Sterbebegleitung und Sterbehilfe; hrsg. v. Schell W; Brigitte Kunz Verlag, Hagen 1998, 111-113
Deutscher Ärztetag (1981/1991): Humanes Sterben, in: Koch H-G, Eser A: Materialien zur Sterbehilfe: Eine internationale Dokumentation. Beiträge und Materialien aus dem Max-Planck-Institut für Ausländisches und Internationales Strafrecht; Eigenverlag Max-Planck-Institut, Freiburg im Breisgau 1991, 152
Deutscher Ärztetag (1984/1991): Sterbehilfe durch den Arzt, in: Koch H-G, Eser A: Materialien zur Sterbehilfe: Eine internationale Dokumentation. Beiträge und Materialien aus dem Max-Planck-Institut für Ausländisches und Internationales Strafrecht; Eigenverlag Max-Planck-Institut, Freiburg im Breisgau 1991, 152
Deutscher Ärztetag (1994/1998): Beistand bis zum Tod, in: Sterbebegleitung und Sterbehilfe; hrsg. v. Schell W; Brigitte Kunz Verlag, Hagen 1998, 90-91

Deutscher Ärztetag (2001): Entschließungen zum Tagesordnungspunkt 1, Dtsch Ärztebl 22, 1245-1247
DGAI (1999): Grenzen intensivmedizinischer Behandlungspflicht. Leitlinien der deutschen Gesellschaft für Anästhesiologie und Intensivmedizin. Anästhesist 48, 213-217
Dillmann R J M, Legemaate J (1994): Euthanasia in the Netherlands: The state of the legal debate. Eur J Health Law 1, 81-87
Doyle D, Hanks G W C, MacDonald N: Oxford Textbook of Palliative Medicine; 2. Auflage, Oxford University Press, Oxford 1998
Dürr, K (1940): Seneca bei Tacitus. Das Gymnasium, 51: 42-61
Eidlhuber M (2001): Wer hier sterben will, dem wird geholfen. Die Zeit 18, 3
Eigler F W (1994): Grenzen der Intensivtherapie beim alten Patienten. Zentralbl Chir 119, 179-183
von Engelhardt D (1993): Euthanasie in historischer Perspektive. Z Med Ethik 39, 15-25.
Entscheidungen des BGH: Strafsachen. 3. Strafsenat. Urt. Vom 4. Juli 1984 g. W. 3 StR 96/84. Bd. 32, 367-381 (1984)
Entscheidungen des BGH: Strafsachen. 1. Strafsenat. Urt. Vom 13. September 1994 g. S. und T. 1 StR 357/94. Bd. 40 (1994)
Eser A, Lutterotti M v, Sporken P (Hrsg.): Lexikon Medizin, Ethik, Recht. Herder Verlag, Freiburg 1989
Fenigsen R (1989): A case against Dutch Euthanasia. Hastings Center Report Suppl Jan/Feb 1989, 22-30.
Flashar H (Hrsg.): Grundriß der Geschichte der Philosophie, Schwabe und Co AG Verlag, Basel 1998.
Förde R, Aasland O G, Falkum E (1997): The Ethics of Euthanasia- Attitudes and Practice among Norwegian Physicians. Soc Sci Med 45, 887-892.
Folker A P, Holtung N, Jensen A B, Kappel K, Nielsen J K, Norup M (1996): Experiences and Attitudes towards End-of-Life Decisions amongst Danish Physicians, Bioethics 10, 233-249
Friedrichs J: Methoden empirischer Sozialforschung. 14. Auflage; Westdeutscher Verlag GmbH, Opladen 1980
Friehe A: Sterbehilfe in Deutschland. Ausarbeitungen des wissenschaftlichen Dienstes des deutschen Bundestages, Fachbereich IX (Gesundheit, Familie, Senioren, Frauen und Jugend), Reg.- Nr.: WF IX- 16/97; Deutscher Bundestag, Bonn 1997
Gärtner H A : Senecas Tod in der Pisonischen Verschwörung bei Tacitus. In: „Bernhard Kytzler zu Ehren" hrsg. von R. Faber und B. Seidensticker, Verlag Königshausen und Neumann, Würzburg 1996, 143-157
Gordijn B: Euthanasie in den Niederlanden - eine kritische Betrachtung. Humanitas Verlag, Dortmund 1998
Grassi L, Agostini M, Magnani K (1999): Attitudes of Italian doctors to euthanasia and assisted suicide for terminally ill patients. Lancet 354, 1876-1877

Gründel M (1999): Einwilligung eines Betreuers in den Abbruch lebenserhaltender Maßnahmen. N J W 46, 3341-3393
Heine G: Schweiz: in: Koch H-G, Eser A,: Materialien zur Sterbehilfe: Eine internationale Dokumentation. Beiträge und Materialien aus dem Max-Planck-Institut für Ausländisches und Internationales Strafrecht; Eigenverlag Max-Planck-Institut, Freiburg im Breisgau 1991, 593-649
Henry D, Walker B (1963): Tacitus and Seneca. Greece and Rome. Zweite Serie 10, 98-110.
Herzinger R (2001): Wem gehört das Menschenbild? Die Zeit 18/2001, 6.
Höffe O: Einführung in die utilitaristische Ethik. (UTB für Wissenschaft 1683). A. Francke Verlag GmbH, , Tübingen 1992.
Höffe, O: Immanuel Kant. C. H. Beck'sche Verlagsbuchhandlung, München 1996.
Hoerster N: Sterbehilfe im säkularen Staat. (stw 1377), Suhrkamp Verlag, Frankfurt/M. 1998
Horner J S: Consensus in Bioethics: The search for common values in Our Approach to Bioethics. University of Central Lancashire, Lancashire 1996
Huber B: Großbritannien; in: Koch H-G, Eser A: Materialien zur Sterbehilfe: Eine internationale Dokumentation. Beiträge und Materialien aus dem Max-Planck-Institut für Ausländisches und Internationales Strafrecht; Eigenverlag Max-Planck-Institut, Freiburg im Breisgau 1991, 341-389
Hügli A, Lübcke P: Philosophielexikon. Rowohlt Verlag, Reinbeck bei Hamburg 1991
Husebo S, Klaschik E: Palliativmedizin. Springer Verlag, Berlin 1998.
Janssens M J P A, Gordijn B (1998): Palliativmedizin in den Niederlanden. Dtsch Med Wochenschr 123, 432-435
Kant I: Grundlegung der Metaphysik der Sitten; in: I. Kant Schriften zur Ethik und Religionsphilosophie, Band 4; hrsg. v. W. Weischedel; 5. Auflage; Wissenschaftliche Buchgesellschaft, Darmstadt 1983
Karimi-Nejad A (1994): Grenzen der Intensivtherapie beim Schädel-Hirn-Trauma. Zentralbl Chir 119, 184-187
Katholische Nachrichtenagentur (2001): Wie die Niederländer die Sterbehilfe geregelt haben. Frankfurter Rundschau 91, 7
Kirchenamt der EKD / Sekretariat der Deutschen Bischofskonferenz: Gott ist ein Freund des Lebens: Herausforderungen und Aufgaben beim Schutz des Lebens. 5. Auflage, Gütersloher Verlagshaus Mohn, Gütersloh 1991.
Kirschner R, Elkeles T (1998): Ärztliche Handlungsmuster und Einstellungen zur Sterbehilfe in Deutschland, Gesundheitswesen 60; 247-253
Klaschik E, Nauck F (1998): Historische Entwicklung der Palliativmedizin. Zentralbl Chir 123: 620-623
Klee E: Dokumente zur Euthanasie. (Fischer Taschenbuch 4327). Fischer Taschenbuch Verlag, Frankfurt/M. 1985

Koch H-G: Bundesrepublik Deutschland. In: Koch H-G, Eser A,: Materialien zur Sterbehilfe: Eine internationale Dokumentation. Beiträge und Materialien aus dem Max-Planck-Institut für Ausländisches und Internationales Strafrecht; Eigenverlag Max-Planck-Institut, Freiburg im Breisgau 1991, 33-193
Koch H-G (1994): Das Grundrecht auf Leben und differenzierter strafrechtlicher Lebensschutz. Z ärztl Fortbild 88, 211-219
Koch H-G, Eser A: Materialien zur Sterbehilfe: Eine internationale Dokumentation. Beiträge und Materialien aus dem Max-Planck-Institut für Ausländisches und Internationales Strafrecht; Eigenverlag Max-Planck-Institut, Freiburg im Breisgau 1991
Korthals B (2001): Kein Recht, keine Pflicht. Frankfurter Allgemeine Zeitung 161/2001, 8
von Kühlmann: Sterbehilfe. Eine Studie geltenden Rechtes in Deutschland, Österreich, der Schweiz und den Niederlanden. Verlag Shaker. Aachen 1995
Legemaate J (1995): Legal Aspects of Euthanasia and assisted Suicide in the Netherlands 1973-1994. Camb Q Healthc Ethics 4, 112-121
Locher-Linn M, Oudijk J C: Belgien. In: Koch H-G, Eser A: Materialien zur Sterbehilfe: Eine internationale Dokumentation. Beiträge und Materialien aus dem Max-Planck-Institut für Ausländisches und Internationales Strafrecht; Eigenverlag Max-Planck-Institut, Freiburg im Breisgau 1991, 251-279
Loretto F: Nachwort; in: Seneca. Epistulae morales ad Lucilium / Liber I; Philipp Reclam Verlag Stuttgart 1977, 76-86
v. Lutterotti M (1994): Der Arzt, das Tötungsverbot und die Kontroverse zwischen deontologischer und konsequentialistischer Ethik. Z Med Ethik 40, 119-129.
van der Maas P J, van Delden J J M, Pijnenborg L, Looman C W N (1991): Euthanasia and other medical decisions concerning the end of life. Lancet 338, 669-674
van der Maas P J, van der Wal G, Haverkate I, de Graaf C L M, Kester J C G, Onwuteaka-Philipsen B D, van der Heide A, Bosma J M, Willems D L (1996): Euthanasia, Physician-assisted Suicide, and other medical Practices involving the End of Life in the Netherlands, 1990-1995, N Engl J Med 335; 1699-1705.
Mill J S: Der Utilitarismus. Philipp Reclam Verlag, Stuttgart 1985
Ministry of Justice Den Haag: Press release: New Euthanasia notification Procedure sent to the lower House of Parliament. Justizministerium, Den Haag, 1997
Ministry of Justice Den Haag: Press release: Gesetzentwurf im Niederländischen Parlament angenommen. Justizministerium, Den Haag, 28.11. 2000
Morus T: Utopia, in: Der utopische Staat, hrsg. v. K J Heinisch. (Rowohlts Klassiker 68). Rowohlt Taschenbuch Verlag, Reinbek bei Hamburg 1960, 7-110
Nast-Kolb D (2000): Grenzen der Behandlung Schwerstverletzter. Anaesthesist 1, 51-57

Nordic Medical Council, Kolding: Common position on euthanasia. Schriftliche Mitteilung 1998
Norwegian Medical Association, Oslo: Code of Ethics for Doctors. Schriftliche Mitteilung 1997
Opderbecke H W, Weißauer W (1999): Grenzen intensivmedizinischer Behandlungspflicht. Erläuterungen zu den Leitlinien der DGAI. Anästhesist 48, 207-213
ÖÄK, Wien: Nein zur aktiven Sterbehilfe. Schriftliche Mitteilung 36, 1997
ÖÄK, Wien: Überhaupt kein Verständnis für Euthanasiewünsche. Schriftliche Mitteilung 4, 1998
Ordre National des Medecins, Paris: Commentairs du Code de Deontologie medicale. Schriftliche Mitteilung 1998
Philp R (1997): Farewell Seneca: The philosopher's death in Tacitus. Omnibus 35, 20-22.
Pijnenborg L, van der Maas P J, van Delden J J M, Looman C W N (1993): Life-terminating acts without explicit request of patient. Lancet 341, 1196-99
(Platon 1990 a) = Platon: Apologia Sokratous, in: Platon Werke, Band 2, hrsg. v. G Eigler; 3. Auflage, Wissenschaftliche Buchgesellschaft, Darmstadt 1990, 1-69
(Platon 1990 b) = Platon: Kriton, in: Platon Werke, Band 2, hrsg. v. G Eigler; 3. Auflage, Wissenschaftliche Buchgesellschaft, Darmstadt 1990, 71-107
(Platon 1990 c) = Platon: Phaidon, in: Platon Werke, Band 3, hrsg. v. G Eigler; 3. Auflage, Wissenschaftliche Buchgesellschaft, Darmstadt 1990, 1-207
(Platon 1990 d) = Platon: Politeia, in: Platon Werke, Band 4, hrsg. v. G Eigler; 2. Auflage, Wissenschaftliche Buchgesellschaft, Darmstadt 1990
Rieger H-J (1995): Das „Sterbehilfe"-Urteil des Bundesgerichtshofes vom 13.9.1994. Dtsch Med Wochenschr 120, 341-344
Ritter J, Gründer K: Historisches Wörterbuch der Philosophie, Band 2, Wissenschaftliche Buchgesellschaft Darmstadt 1972
Ritter J, Gründer K: Historisches Wörterbuch der Philosophie, Band 4, Wissenschaftliche Buchgesellschaft, Darmstadt 1976
Rose H J: Griechische Mythologie. 2. Auflage, ; Verlag C. H. Beck, München 1961
Roßbruch R (1999): Einstellung der Ernährung durch vormundschaftsgerichtlichen Beschluß. PflegeRecht 7, 167-170
Sachau R (2000): Perverse Konsequenz einer kostenneutralen Lösung. Deutsches Allgemeines Sonntagsblatt 27/2000, 38-39
Salomon F: Leben und Sterben in der Intensivmedizin. Eine Herausforderung an die ärztliche Ethik. Pabst Science Publishers, Lengerich 1996
SAMW (1995): Medizinisch-ethische Richtlinien für die ärztliche Begleitung sterbender und zerebral schwerst geschädigter Patienten. Schweiz Ärzteztg 76, 1223-1225

Schell W: Sterbebegleitung und Sterbehilfe. Gesetze, Rechtsprechung, Deklarationen, Richtlinien, Stellungnahmen. Brigitte Kunz Verlag, Hagen 1998

Schildberg F W, Inthorn D, Neumaier-Prauser P, Billing A (1994): Therapieeinschränkung und -verzicht beim Multiorganversagen. Zentralbl Chir 119, 175-178

Schlund G H (2000): Entscheidungen-Zivilrecht: Anmerkung. J R 2, 65-66

Schobert K F (2000): Der Mensch hat das Recht über sein Leben zu verfügen. Deutsches Allgemeines Sonntagsblatt 27/2000, 38-39

Scholten H-J: Niederlande; in: Materialien zur Sterbehilfe: Eine internationale Dokumentation. Beiträge und Materialien aus dem Max-Planck-Institut für Ausländisches und Internationales Strafrecht; hrsg. V. Koch H-G, Eser A; Eigenverlag Max-Planck-Institut, Freiburg im Breisgau 1991, 451-499

Schreiber H-L: Sterbehilfe und Therapieabbruch. In: Festschrift für Ernst-Walter Hanack zum 70. Geburtstag am 30. August 1999, Hrsg. U Ebert, P Rieß u. a.; Walter de Gruyter Verlag, Berlin 1999, 735-744.

Schweizerischer Bundesrat: Bericht des Bundesrates zum Postulat Ruffy, Sterbehiilfe. Ergänzung des Strafgesetzbuches. Bundesrat, Bern 2000

Seneca L A: Epistulae morales ad Lucilium/ Liber I; Hrsg. F Loretto; Philipp Reclam Verlag, Stuttgart 1977

Seneca L A: Epistulae morales ad Lucilium/ Liber VIII, Hrsg. R Rauthe. Philipp Reclam Verlag, Stuttgart 1991

Singer P: Praktische Ethik. Philipp Reclam Verlag, Stuttgart 1984

Sophokles: Werke. Hrsg. R Schottländer. 3. Auflage; Aufbau-Verlag Berlin 1982

Spaniol M: Frankreich; in: Materialien zur Sterbehilfe: Eine internationale Dokumentation. Beiträge und Materialien aus dem Max-Planck-Institut für Ausländisches und Internationales Strafrecht; hrsg. V. Koch H-G, Eser A; Eigenverlag Max-Planck-Institut, Freiburg im Breisgau 1991, 281-318

Staerbo L: Euthanasia? The Danish Council of ethics. Ohne Ortsangabe 1997

Strafgesetzbuch. 34. Auflage 1. April 2000. Deutscher Taschenbuch Verlag, München 2000

Tacitus: Germania. Die Annalen. Übersetzung W. Harenza.(Goldmanns gelbe Taschenbücher Band 437/438). Goldmann Verlag, München ohne Jahr.

Tripp E: Reclams Lexikon der antiken Mythologie. 5. Auflage, Philipp Reclam Verlag, Stuttgart 1991

Tugendhat E: Vorlesungen über Ethik (stw 1100). 2. Auflage; Suhrkamp Verlag, Frankfurt/M. 1994

Umfrage (2000): Sterbehilfe erlauben. Dtsch Ärztebl 97, 1391

Verrel T, Schmidt K W (1998): Wer Selbstbestimmung fordert, muß sich seiner Endlichkeit stellen. Frankfurter Rundschau 165/1998, 13

Vincent J-L (1990): European attitudes towards ethical problems in intensive are medicine: results of an ethical questionnaire. Crit Care Med 16, 256-264

Vincent J-L (1999): Forgoing life support in western European intensive care units: The results of an ethical questionnaire. Crit Care Med 27, 1626-1633

van der Wal G, van der Maas P J, Bosma J M, Onwuteaka-Philipsen B D, Willems D L, Haverkate I, Kostense P (1996) Evaluation of the notification procedure for physician-assisted death in the Netherlands N Engl J Med 28, 1706-1711.

Ward B J, Tate P A (1994): Attitudes among NHS doctors to requests for euthanasia. BMJ 308: 1332-1334

Wassermann R (1993): Begriffsbestimmung: Sterbehilfe, Sterbebeihilfe, Euthanasie. Z ärztl. Fortb. 87, 13-30

Wehkamp K-H: Sterben und Töten. Euthanasie aus der Sicht deutscher Ärztinnen und Ärzte. Humanitas Verlag Dortmund 1998

Wells C: Das römische Reich. (dtv 4405). Deutscher Taschenbuch Verlag, München 1985.

Wernstedt T, Mohr M, Kettler D (2000): Sterbehilfe in Europa. Eine Bestandsaufnahme am Beispiel von zehn Ländern unter besonderer Berücksichtigung der Niederlande und Deutschlands. AINS 35, 220-231

Wiedemann E (2001): Freier Tod für freie Bürger. Der Spiegel 21/2001, 166-168.

Ziegler K, Sontheimer W: Der kleine Pauly. Lexikon der Antike. Bd 5. Stuttgart 1975

13. Zivilkammer des LG München (1999): Keine vormundschaftliche Genehmigung für lebensbeendende Maßnahmen. N J W 1788-1789

Die Reihe RECHT UND MEDIZIN wird von den Professoren Deutsch (Göttingen), Laufs (Heidelberg) und Schreiber (Göttingen) herausgegeben. Ihre Aufgabe ist es, Monographien und Dissertationen auf dem Gebiet des medizinischen Rechts zu veröffentlichen. Dieses Gebiet, das an Bedeutung noch zunehmen wird, umfaßt auf der juristischen Seite sowohl zivilrechtliche als auch straf- und öffentlich-rechtliche Fragestellungen. Die Fragen können von der juristischen oder von der medizinischen Seite aus untersucht werden. Übergreifendes Ziel ist es, den medizin-rechtlichen Fragen nicht etwa ein gängiges juristisches Denkschema überzuwerfen, sondern die besonderen Probleme der Regelung medizinischer Sachverhalte eigenständig aufzufassen und darzustellen.

Die Adressen der drei Herausgeber sind:

Prof. Dr. Dr. h.c. Erwin Deutsch (Zivilrecht und Rechtsvergleichung)
Höltystraße 8
37085 Göttingen

Prof. Dr. Dr. h.c. Adolf Laufs (Zivilrecht und Rechtsgeschichte)
Kohlackerweg 12
69151 Neckargemünd

Prof. Dr. Dr. h.c. Hans-Ludwig Schreiber (Strafrecht und Rechtstheorie)
Grazer Str. 14
30519 Hannover

RECHT UND MEDIZIN

Band 1 Erwin Deutsch: Das Recht der klinischen Forschung am Menschen. Zulässigkeit und Folgen der Versuche am Menschen, dargestellt im Vergleich zu dem amerikanischen Beispiel und den internationalen Regelungen. 1979.

Band 2 Thomas Carstens: Das Recht der Organtransplantation. Stand und Tendenzen des deutschen Rechts im Vergleich zu ausländischen Gesetzen. 1979.

Band 3 Moritz Linzbach: Informed Consent. Die Aufklärungspflicht des Arztes im amerikanischen und im deutschen Recht. 1980.

Band 4 Volker Henschel: Aufgabe und Tätigkeit der Schlichtungs- und Gutachterstellen für Arzthaftpflichtstreitigkeiten. 1980.

Band 5 Hans Lilie: Ärztliche Dokumentation und Informationsrechte des Patienten. Eine arztrechtliche Studie zum deutschen und amerikanischen Recht. 1980.

Band 6 Peter Mengert: Rechtsmedizinische Probleme in der Psychotherapie. 1981.

Band 7 Hazel G.S. Marinero: Arzneimittelhaftung in den USA und Deutschland. 1982.

Band 8 Wolfram Eberbach. Die zivilrechtliche Beurteilung der *Humanforschung*. 1982.

Band 9 Wolfgang Deuchler: Die Haftung des Arztes für die unerwünschte Geburt eines Kindes ("wrongful birth"). Eine rechtsvergleichende Darstellung des amerikanischen und deutschen Rechts. 1984.

Band 10 Hermann Schünemann: Die Rechte am menschlichen Körper. 1985.

Band 11 Joachim Sick: Beweisrecht im Arzthaftpflichtprozeß. 1986.

Band 12 Michael Pap: Extrakorporale Befruchtung und Embryotransfer aus arztrechtlicher Sicht; insbesondere: Der Schutz des werdenden Lebens in vitro. 1987.

Band 13 Sabine Rickmann: Zur Wirksamkeit von Patiententestamenten im Bereich des Strafrechts. 1987.

Band 14 Joachim Czwalinna: Ethik-Kommissionen - Forschungslegitimation durch Verfahren. 1987.

Band 15 Günter Schirmer: Status und Schutz des frühen Embryos bei der *In-vitro*-Fertilisation. Rechtslage und Diskussionsstand in Deutschland im Vergleich zu den Ländern des angloamerikanischen Rechtskreises. 1987.

Band 16 Sabine Dönicke: Strafrechtliche Aspekte der Katastrophenmedizin. 1987.

Band 17 Erwin Bernat: Rechtsfragen medizinisch assistierter Zeugung. 1989.

Band 18 Hartmut Schulz: Haftung für Infektionen. 1988.

Band 19 Herbert Harrer: Zivilrechtliche Haftung bei durchkreuzter Familienplanung. 1989.

Band 20 Reiner Füllmich: Der Tod im Krankenhaus und das Selbstbestimmungsrecht des Patienten. Über das Recht des nicht entscheidungsfähigen Patienten, künstlich lebensverlängernde Maßnahmen abzulehnen. 1990.

Band 21 Franziska Knothe: Staatshaftung bei der Zulassung von Arzneimitteln. 1990.

Band 22 Bettina Merz: Die medizinische, ethische und juristische Problematik artifizieller menschlicher Fortpflanzung. Artifizielle Insemination, In-vitro-Fertilisation mit Embryotransfer und die Forschung an frühen menschlichen Embryonen. 1991.

Band 23 Ferdinand van Oosten: The Doctrine of Informed Consent in Medical Law. 1991.

Band 24 Stephan Cramer: Genom- und Genanalyse. Rechtliche Implikationen einer "Prädiktiven Medizin". 1991.

Band 25 Knut Schulte: Das standesrechtliche Werbeverbot für Ärzte unter Berücksichtigung wettbewerbs- und kartellrechtlicher Bestimmungen. 1992.

Band 26 Young-Kyu Park: Das System des Arzthaftungsrechts. Zur dogmatischen Klarstellung und sachgerechten Verteilung des Haftungsrisikos. 1992.

Band 27 Angela Könning-Feil: Das Internationale Arzthaftungsrecht. Eine kollisionsrechtliche Darstellung auf sachrechtsvergleichender Grundlage. 1992.

Band 28 Jutta Krüger: Der Hamburger Barmbek/Bernbeck-Fall. Rechtstatsächliche Abwicklung und haftungsrechtliche Aspekte eines medizinischen Serienschadens. 1993.

Band 29 Alexandra Goeldel: Leihmutterschaft – eine rechtsvergleichende Studie. 1994.

Band 30 Thomas Brandes: Die Haftung für Organisationspflichtverletzung. 1994.

Band 31 Winfried Grabsch: Die Strafbarkeit der Offenbarung höchstpersönlicher Daten des ungeborenen Menschen. 1994.

Band 32 Jochen Markus: Die Einwilligungsfähigkeit im amerikanischen Recht. Mit einem einleitenden Überblick über den deutschen Diskussionsstand. 1995.

Band 33 Meltem Göben: Arzneimittelhaftung und Gentechnikhaftung als Beispiele modernen Risikoausgleichs mit rechtsvergleichenden Ausblicken zum türkischen und schweizerischen Recht. 1995.

Band 34 Regine Kiesecker: Die Schwangerschaft einer Toten. Strafrecht an der Grenze von Leben und Tod – Der Erlanger und der Stuttgarter Baby-Fall. 1996.

Band 35 Doris Voll: Die Einwilligung im Arztrecht. Eine Untersuchung zu den straf-, zivil- und verfassungsrechtlichen Grundlagen, insbesondere bei Sterilisation und Transplantation unter Berücksichtigung des Betreuungsgesetzes. 1996.

Band 36 Jens-M. Kuhlmann: Einwilligung in die Heilbehandlung alter Menschen. 1996.

Band 37 Hans-Jürgen Grambow: Die Haftung bei Gesundheitsschäden infolge medizinischer Betreuung in der DDR. 1997.

Band 38 Julia Röver: Einflußmöglichkeiten des Patienten im Vorfeld einer medizinischen Behandlung. Antezipierte Erklärung und Stellvertretung in Gesundheitsangelegenheiten. 1997.

Band 39 Jens Göben: Das Mitverschulden des Patienten im Arzthaftungsrecht. 1998.

Band 40 Hans-Jürgen Roßner: Begrenzung der Aufklärungspflicht des Arztes bei Kollision mit anderen ärztlichen Pflichten. Eine medizinrechtliche Studie mit vergleichenden Betrachtungen des nordamerikanischen Rechts. 1998.

Band 41 Meike Stock: Der Probandenschutz bei der medizinischen Forschung am Menschen. Unter besonderer Berücksichtigung der gesetzlich nicht geregelten Bereiche. 1998.

Band 42 Susanne Marian: Die Rechtsstellung des Samenspenders bei der Insemination / IVF. 1998.

Band 43 Maria Kasche: Verlust von Heilungschancen. Eine rechtsvergleichende Untersuchung. 1999.

Band 44 Almut Wilkening: Der Hamburger Sonderweg im System der öffentlich-rechtlichen Ethik-Kommissionen Deutschlands. 2000.

Band 45 Jonela Hoxhaj: Quo vadis Medizintechnikhaftung? Arzt-, Krankenhaus- und Herstellerhaftung für den Einsatz von Medizinprodukten. 2000.

Band 46 Birgit Reuter: Die gesetzliche Regelung der aktiven ärztlichen Sterbehilfe des Königreichs der Niederlande – ein Modell für die Bundesrepublik Deutschland? 2001.
2. durchgesehene Auflage 2002.

Band 47 Klaus Vosteen: Rationierung im Gesundheitswesen und Patientenschutz. Zu den rechtlichen Grenzen von Rationierungsmaßnahmen und den rechtlichen Anforderungen an staatliche Vorhaltung und Steuerung im Gesundheitswesen. 2001.

Band 48 Bong-Seok Kang: Haftungsprobleme in der Gentechnologie. Zum sachgerechten Schadensausgleich. 2001.

Band 49 Heike Wachenhausen: Medizinische Versuche und klinische Prüfung an Einwilligungsunfähigen. 2001.

Band 50 Thomas Hasenbein: Einziehung privatärztlicher Honorarforderungen durch Inkassounternehmen. 2002.

Band 51 Oliver Nowak: Leitlinien in der Medizin. Eine haftungsrechtliche Betrachtung. 2002.

Band 52 Christina Herrig: Die Gewebetransplantation nach dem Transplantationsgesetz. Entnahme – Lagerung – Verwendung unter besonderer Berücksichtigung der Hornhauttransplantation. 2002.

Band 53 Matthias Nagel: Passive Euthanasie. Probleme beim Behandlungsabbruch bei Patienten mit apallischem Syndrom. 2002.

Band 54 Miriam Ina Saati: Früheuthanasie. 2002.

Band 55 Susanne Schneider: Rechtliche Aspekte der Präimplantations- und Präfertilisationsdiagnostik. 2002.

Band 56 Uta Oelert: Allokation von Organen in der Transplantationsmedizin. 2002.

Band 57 Jens Muschner: Die haftungsrechtliche Stellung ausländischer Patienten und Medizinalpersonen in Fällen sprachbedingter Mißverständnisse. 2002.

Band 58 Rüdiger Wolfrum / Peter-Tobias Stoll / Stephanie Franck: Die Gewährleistung freier Forschung an und mit Genen und das Interesse an der wirtschaftlichen Nutzung ihrer Ergebnisse. 2002.

Band 59 Frank Hiersche: Die rechtliche Position der Hebamme bei der Geburt. Vertikale oder horizontale Arbeitsteilung. 2003.

Band 60 Hartmut Schädlich: Grenzüberschreitende Telemedizin-Anwendungen: Ärztliche Berufserlaubnis und Internationales Arzthaftungsrecht. Eine vergleichende Darstellung des deutschen und US-amerikanischen Rechts. 2003.

Band 61 Stefanie Diettrich: Organentnahme und Rechtfertigung durch Notstand? Zugleich eine Untersuchung zum Konkurrenzverhältnis von speziellen Rechtfertigungsgründen und rechtfertigendem Notstand gem. § 34 StGB. 2003.

Band 62 Anne Elisabeth Stange: Gibt es psychiatrische Diagnostikansätze, um den Begriff der schweren anderen seelischen Abartigkeit in §§ 20, 21 StGB auszufüllen? 2003.

Band 63 Christiane Schief: Die Zulässigkeit postnataler prädiktiver Gentests. Die Biomedizin-Konvention des Europarats und die deutsche Rechtslage. 2003.

Band 64 Maike C. Erbsen: Praxisnetze und das Berufsrecht der Ärzte. Der Praxisverbund als neue Kooperationsform in der ärztlichen Berufsordnung. 2003.

Band 65 Markus Schreiber: Die gesetzliche Regelung der Lebendspende von Organen in der Bundesrepublik Deutschland. 2004.

Band 66 Thela Wernstedt: Sterbehilfe in Europa. 2002.

Birgit Reuter

Die gesetzliche Regelung der aktiven ärztlichen Sterbehilfe des Königreichs der Niederlande – ein Modell für die Bundesrepublik Deutschland?

2. durchgesehene Auflage

Frankfurt am Main, Berlin, Bern, Bruxelles, New York, Oxford, Wien, 2002.
XXXVII, 299 S.
Recht & Medizin. Herausgegeben von Erwin Deutsch, Adolf Laufs und Hans-Ludwig Schreiber. Bd. 46
ISBN 3-631-39452-7 · br. € 56.50*

Die niederländische Regelung der aktiven Sterbehilfe wird mit dieser Studie erstmals anhand einer umfassenden Dokumentation ihrer zwanzigjährigen Entstehungsgeschichte analysiert. Grundlage der Untersuchung bildet eine systematische Darstellung der verschiedenen Entwicklungslinien und deren wechselseitige Bedingtheit. Auch die Mißbrauchgefahr unter der geltenden Regelung sowie unter den angekündigten Reformgesetzen wird kritisch beleuchtet. Am Ende der Untersuchung werden die gewonnenen Erkenntnisse mit rechtspolitischen und medizinethischen Erwägungen verknüpft. Die Befunde der Autorin sind ein wichtiger Beitrag zur Diskussion über die Notwendigkeit einer gesetzlichen Regelung der aktiven Sterbehilfe in Deutschland.

Aus dem Inhalt: Rechtsprechung zu Mitleidstötungen durch Ärzte · Ärztlich-berufsständische Regelwerke · Standesrecht · Erste Gesetzentwürfe · Strafverfolgungspraxis · Empirische Erhebungen 1990/1995 · Einwilligungsunfähige Patienten · Dammbruch zur nicht- bzw. unfreiwilligen aktiven Sterbehilfe · Selbstbestimmungsrecht · Ärztliches Urteil über die Lebensqualität

www.ingramcontent.com/pod-product-compliance
Ingram Content Group UK Ltd.
Pitfield, Milton Keynes, MK11 3LW, UK
UKHW021903290926
8980IPUK00015B/1031

9 783631 511947